섬기러 오신

마가복음

예수 그리스도

KB190843

ESP

기독대학인회(ESF: Evangelical Student Fellowship)는
사도행전 1장 8절에서 선포되고 있는 예수님의 지상명령에
근거하여 캠퍼스복음화를 통한 성서한국, 세계선교를
목표로 삼고 있는 대학생 선교단체입니다.

EsP

ESP는
Evangelical Student Fellowship Press의 약어로 기독대학인회(ESF)의
출판부입니다.

ESP 성경공부 시리즈 마가복음
섬기러 오신 예수 그리스도

2019년 3월 1일 초판 1쇄 발행

지은이 ESF 교재편찬위원회
만든이 유정훈
표지 디자인 장윤주
내지 디자인 김지혜

(사)기독대학인회 출판부 (ESP)
서울특별시 강북구 덕릉로 77 1층
Tel. 02) 989-3476~7 | Fax. 02) 989-3385 | E-mail. esfpress@hanmail.net
등록 제 12-316호

섬기러 오신 예수 그리스도

마가복음

CONTENTS

Mark

마가복음을 공부하기 전에

아무리 시대가 흐르고 사람들이 바뀌어도 변할 수 없는 것은 성경공부입니다. 성경으로 돌아가자는 구호는 옛 종교개혁 시대에만 외치는 소리가 아닙니다. 오늘날 최첨단 과학문명 시대를 살아가는 우리들에게도 들려져야 할 외침입니다. 이 시대는 점점 보는 것에 만족하고 생각하기를 싫어하는 양상을 보이고 있습니다. 특히 성경공부하는 것보다도 감성적인 것에 치우친 경향을 보이고 있는 것이 현실입니다. 우리가 성경을 깊이 묵상하는 시간을 갖지 못하고 감성적인 것에 쫓아가면 구체적인 삶의 변화를 바랄 수 없게 됩니다.

이런 시대의 흐름 속에서도 ESF 소그룹 성경공부는 성경공부의 좋은 전통을 지키고 있습니다. 지난 30여 년 동안 수많은 청년 대학생, 지성인들이 성경공부의 매력을 경험하였고, 예수 그리스도의 복음을 영접하고 구원 얻는 역사가 있었습니다. 대학 강의실에서, 동아리방에서, 교회에서, 작은 자취방에서 성경공부하는 모습은 민족의 미래를 밝혀주는 횃불이었습니다.

ESF 소그룹 성경공부는 다섯 가지 특징이 있습니다.

첫째, 아주 즐겁고 재미있는 성경공부입니다. 소그룹에서 성경을 한 권 공부해보면, 성경이 이렇게 재미있는 책이었는지 재발견하게 될 것입니다.
둘째, 즐거운 대화식 성경공부입니다. 아무리 초보자라도 쉽게 참여하여 배울 수 있습니다.
셋째, 체계적인 성경공부입니다. 성경을 체계적이고, 종합적으로 이해하게 하는 성경공부입니다.
넷째, 믿음과 삶의 구체적인 적용을 배우는 성경공부입니다.
다섯째, 소그룹 리더를 길러주는 성경공부입니다. 소그룹에서 성경공부를 하면, 대부분 소그룹 성경공부의 리더가 될 수 있습니다.

사복음서 문제집 시리즈는 20~24회에 한 과목을 마칠 수 있도록 편성하였습니다. 각 복음서의 특성을 고려하여 꼭 필요한 본문들을 중심으로 재미있게 성경공부할 수 있도록 하였습니다. 또한 영어 성경 ESV(English Standard Version)를 수록하여 성경 본문의 이해를 돕도록 하였습니다.

그리고 본 문제집 내용은 말씀의 자리, 삶의 자리, 말씀의 자리 *Plus* 로 구성되어 있습니다.

말씀의 자리는 본문 살피기와 생각하기 문제로 구성되어 있습니다. 성경 본문을 깊이 있게 관찰하며 해석하는 자리입니다.

삶의 자리는 말씀의 자리를 토대로 우리의 삶에 구체적으로 적용하는 문제로 구성되어 있습니다. 본문에서 파악되고 느낀 말씀의 은혜와 원리들을 각자 삶의 자리에 적용시키는 자리입니다.

말씀의 자리 *Plus* 는 본문 말씀의 중요한 핵심 내용이나 본문 배경 등을 요약하여 설명하는 자리입니다.

계속하여 한국교회와 청년 대학생들 가운데 소그룹 성경공부가 활발하게 일어나서 예수님을 만나고 복된 인생이 되길 기도합니다.

2019. 03. 01
기독대학인회(ESF)

성경해석의 일반 원리를 알고 공부합시다

1) 성경해석은 성경으로 해야 합니다.

성경의 가장 정확한 해석은 성경 자체입니다. 구약과 신약을 서로 연결시켜 공부할 때 바르게 이해할 수 있습니다. 의미가 희미한 말씀은 밝은 말씀에 비추어 해석해야 합니다. 상징, 비유, 애매한 부분은 병행 구절의 밝은 부분에서 그 뜻을 찾아야 됩니다.

2) 전체를 바라보는 눈으로 종합적으로 해석해야 합니다.

전체를 바라보지 못하고 한 부분에만 집착할 때 오류를 범하게 됩니다. 그러므로 성경핵심을 파악하고 전체적으로 바라보며 해석해야 됩니다. 성경 전체의 핵심은 하나님의 아들, 예수 그리스도를 통한 인류 구속입니다. 그러므로 성경에 나오는 사건들이 그리스도와 인류 구원에 어떻게 연결되는지 살펴보면서 해석해야 됩니다.

3) 그 당시 시대 배경을 이해해야 합니다.

성경은 그 당시 사람들에 의해 기록되었으므로 당대의 지리, 역사, 풍습, 생활습관, 주변상황 등을 파악하고 해석해야 됩니다.

4) 언어의 법칙과 문맥의 흐름을 중요시해야 합니다.

성경은 사람의 언어로 기록되었으므로 어휘, 문법의 이해가 중요하고 반드시 문맥의 흐름 속에서 해석해야 합니다. 따라서 일차적으로는 문자적인 해석을 한 다음 영적인 뜻을 찾아야 합니다.

5) 저자의 의도를 파악해야 합니다.

하나님께서 성경 저자의 성격, 교육정도, 개성 등을 유기적으로 쓰셔서 성경을 기록하도록 하셨으므로 저자가 어떤 의도로 무슨 주제를 전개하는지 살펴보고 특별한

관점과 강조점이 무엇인지 알아야 합니다.

6) 오늘날 나에게 어떻게 적용되는지 살피며 해석해야 합니다.

성경은 비록 과거에 쓰여졌지만 하나님께서는 그 기록된 말씀을 통하여 각 시대 모든 사람들에게 말씀하고 계시므로 성경에 기록된 메시지가 당대 독자들에게 어떻게 들려졌는지를 살피면서 지금 나에게 어떻게 적용되는지를 살펴야 됩니다. 지금 나에게 말씀하시는 그 음성을 성령님의 도우심으로 듣게 될 때 말할 수 없는 큰 은혜를 체험하게 됩니다.

소그룹 성경 공부의 원리를 알고 공부합시다

1) 성경공부 목적에 충실해야 합니다.

성경공부의 목적은 중생, 신앙성장, 영적교제입니다. 그러므로 신학 쟁론에 빠진다든지 사소한 것으로 언쟁하느라 에너지를 소모하지 말고 성경의 깊은 뜻을 깨닫고 하나님의 음성을 듣는 일에 힘써야 됩니다. 그래서 하나님을 인격적으로 만나 중생하고 회개와 믿음의 결단이 이루어지며 서로 배우고 격려하는데 힘써야 됩니다.

2) 기도에 힘써야 합니다.

성경이 성령의 감동으로 기록되었으므로 성령님의 도우심이 있어야 성경의 진리를 깨달을 수 있습니다. 성령님의 감화가 있는 성경공부가 되도록 기도해야 합니다.

3) 즐거운 분위기를 이루어야 합니다.

혼자 공부할 때는 쉽게 지치지만 여럿이 즐겁게 공부하면 신바람이 납니다. 그러므로 그룹 구성원들이 서로 즐겁게 배우는 분위기를 이루기에 협력해야 합니다. 반드시 정성껏 사전 준비공부를 하고 성경공부에 참여하는 것이 성공적인 그룹 성경공부가 됩니다. 서로 앞 다투어 연구하고 배우는 모임을 이루면 처음에는 어리고 연약한 모임도 나중에는 성숙하고 강한 모임으로 성장합니다.

4) 개인의 독무대를 만들지 말고 다함께 참여하는 모임이 되어야 합니다.
그룹공부의 어려운 점은 몇몇 수다쟁이, 익살꾼 등이 시간을 독차지해 버리는 것입니다. 이것은 미숙한 태도입니다. 듣기도 하고 묻기도 하며 성숙하게 배워가야 하겠습니다.

5) 분위기를 깨지 말고 적극 참여해야 합니다.
그룹공부의 또다른 어려운 점은 구경꾼, 실쭉이, 인상파가 찬바람을 일으키기 때문입니다. 성숙한 인도자는 적절한 유머, 성경 읽기 권유, 적당한 때 끌어들이기로 이 문제를 잘 해결하지만 너무 소극적인 태도로 나오면 몹시 힘이 드는 것이 사실입니다. 듣기도 할뿐더러 묻기도 하면서 적극적으로 참여하는 성경공부가 되어야 합니다.

6) 성숙한 그룹공부 참여자가 되어야 합니다.
성숙한 사람은 성경공부를 잘 준비해 오는 것은 물론 적극적으로 공부에 참여합니다. 진지한 탐구자의 자세, 예리한 분석과 종합, 실생활에 적절한 적용 등으로 성경공부 수준을 높여갑니다. 그룹 성경공부는 아름다운 영적 교제를 겸한 매우 좋은 성경 진리 탐구 방법입니다.

Mark

마가복음

저자

마가복음의 저자는 마가 요한입니다. 그는 바나바의 조카요(골 4:10), 그의 어머니 마리아는 믿음이 있고 재산도 상당히 가진 부자였던 것 같습니다. 그래서 마가의 다락방은 예수님의 최후의 만찬 장소로 후에는 사도들의 기도처로 사용되었습니다.

마가는 바울과 바나바를 따라 1차 전도여행에 동행하는 특권을 누렸으나 그 후 일이 힘들어지자 도중에 낙오하고 말았습니다. 2차 전도여행에서 그를 데리고 가고자 했던 바나바와 이를 반대했던 바울의 갈등으로 결국 바울과 바나바는 결별하게 되고 마가는 바나바를 따라 구브로로 가게 됩니다(행 15:38~40). 그러나 12년이 지난 후에 베드로를 통해 예수님을 바로 믿게 된 후 사도 바울의 유익한 동역자가 되었고(골 4:10), 바울이 처형받기 직전에 바울의 요청으로 그를 다시 만나러 가게 됩니다(딤후 4:11). 마가는 한 번의 실수를 이기고 다시 새 생활을 시작한 청년의 삶을 보여주고 있으며, 아무리 두려움이 많고 연약한 사람도 훌륭한 믿음의 사람이 될 수 있다는 소망을 갖게 합니다.

기록 연대

마가복음을 기록한 연대는 A.D. 65~70년 사이로 보고 있습니다. 마가복음을 가리켜 흔히 "표준 복음"이라고 합니다. 그 이유는 사복음서 중에 가장 먼저 쓰여졌고 가장 짧지만 가장 많은 사건을 기록하고 있기 때문입니다.

기록 목적

마가복음을 쓰게 된 동기는 A.D. 64년 로마 대화재 사건에 대한 누명을 쓰고 온갖 핍박과 고난을 겪으며 지하교회에서 신앙을 지키던 기독교인들에게 "섬기러 오신 예수님"(막 10:45)을 소개함으로 핍박 속에 있던 그리스도인들에게 힘을 주고 예수께 대한 믿음의 토대를 견고케 하기 위한 목적으로 저술된 복음서입니다.

구조

마가복음의 구조를 보면 1장 1절의 계시의 선언에 대한 두 개의 신앙고백을 중심으로 이루어져 있음을 알 수 있습니다. 첫째, 유대인의 대표로서의 베드로의 고백입니다. "주는 그리스도시니이다"(막 8:29)라는 고백과 둘째, 이방인의 대표로서의 예수님의 십자가형을 주관했던 백부장의 고백입니다. "이 사람은 진실로 하나님의 아들이었도다"(막 15:39)

특징

　　마가복음은 사복음서 가운데 가장 먼저 쓰여졌다고 합니다. 대부분의 학자들이 이것을 인정하고 있으며 역사적인 예수님의 가르침을 복구하려고 할 때 마가복음을 우선시합니다. 사복음서는 각각의 특징을 가지고 있습니다. 마태복음은 유대적인 배경을 가지고 예수님을 하나님께서 약속하신 유대인의 왕으로 증거하고 있으며, 누가복음은 잃어버린 자에 대한 관심을 나타내며 예수님은 잃어버린 자를 찾으러 오신 그리스도시며, 요한복음은 '나는 ~이다' 라는 선언의 반복과 함께 예수님이 생명과 빛 되신 분임을 증거하고 있습니다.

마가는 예수님이 메시아시며, 하나님의 아들이라는 말씀을 근거하여 예수님을 증거하고 있습니다. 특별히 예수님을 하나님의 아들이시오, 이 땅에 섬기러 오신 분임을 증거합니다. "인자가 온 것은 섬김을 받으려 함이 아니라 도리어 섬기려 하고 자기 목숨을 많은 사람의 대속물로 주려 함이니라"(막 10:45) 그래서 마가복음을 보면 예수님이 바쁘게 활동하시며 새벽부터 밤늦게까지 일하시는 모습이 기록되어 있습니다.

또한 마가복음은 제자훈련의 교과서라 할 수 있습니다. 마가복음의 특징적인 단어 중의 하나가 '곧' 이라는 것입니다. 예수님이 말씀하실 때 곧 이루어지거나 순종하는 장면들이 기록되어 있습니다.

개요

1:1~13	예수님의 사역 준비
1:14~3:6	예수님의 초기 갈릴리 사역
3:7~6:13	예수님의 후기 갈릴리 사역
6:14~8:30	예수님이 갈릴리를 떠나심
8:31~10:52	예수님이 예루살렘으로 올라가심
11:1~13:37	예수님의 예루살렘 마지막 사역
14:1~15:15	예수님의 고난
15:16~16:20	예수님의 죽으심, 부활, 승천

마가복음

섬기러 오신 예수 그리스도

1부

갈릴리에서의 사역

1과

복음의 시작

● **마가복음 1:1-20(1)**
하나님의 아들 예수 그리스도의 복음의 시작이라

사람들은 슬픈 소식보다는 기쁜 소식을 듣고 싶어 합니다. 그러나 기쁘고 복된 소식은 희생과 수고를 통해 이루어집니다. 합격의 기쁨은 공부의 수고를 통해 이뤄지며, 승리의 기쁨은 훈련의 수고를 통해 이루어집니다. 큰 기쁨의 배경에는 그만큼 큰 희생이 들어 있습니다.

인류에게 있어서 가장 큰 기쁨의 소식인 복음, 그것은 가장 큰 희생을 통해 이루어졌습니다. 그 중심에는 모든 기득권을 내려놓고 낮아지신 예수님이 있습니다. 오늘 말씀을 통해 복음이 어떻게 시작되고 있는지 살펴보고, 우리 역시 복음을 위한 기쁜 희생과 기쁜 수고의 초청에 응할 수 있기를 바랍니다.

마가가 전한 복음 속으로 첫걸음을 내디뎌봅시다.

말씀의 자리

1. 마가복음의 첫 구절을 함께 읽어봅시다. 마가복음은 무엇에 관한 책입니까(1)? 여기서 '복음' 이란 무엇입니까? 그렇다면 우리는 마가복음 공부를 통해서 무엇을 얻을 수 있을까요?

2. 세례 요한에 대해서 구약성경이 어떻게 예언하고 있습니까(2~3)? 그 예언이 어떻게 이루어졌습니까(4~5)? 요한의 생활방식은 어떠하며(6), 그가 전파한 메시지는 무엇입니까(7~8)?

ESV

1 The beginning of the gospel of Jesus Christ, the Son of God.
2 As it is written in Isaiah the prophet, "Behold, I send my messenger before your face, who will prepare your way,
3 the voice of one crying in the wilderness: 'Prepare the way of the Lord, make his paths straight,'"
4 John appeared, baptizing in the wilderness and proclaiming a baptism of repentance for the forgiveness of sins.
5 And all the country of Judea and all Jerusalem were going out to him and were being baptized by him in the river Jordan, confessing their sins.
6 Now John was clothed with camel's hair and wore a leather belt around his waist and ate locusts and wild honey.
7 And he preached, saying, "After me comes he who is mightier than I, the strap of whose sandals I am not worthy to stoop down and untie.
8 I have baptized you with water, but he will baptize you with the Holy Spirit."

3. 예수님께서 본격적으로 복음을 위해 활동을 시작
   하실 때 무엇을 하셨습니까(9)? 이때 무엇을 보셨으
   며, 무엇을 들으셨습니까(10~11)? 이런 과정이 왜
   필요했을까요?

_____

_____

_____

_____

_____

_____

4. 복음을 위한 예수님의 삶은 평탄한 것만은 아니었습니
   다. 예수님께서는 어디로 가셔서 어떤 고난을 겪게 되니
   까(12~13; 마 4:1~11)? 이런 과정이 왜 필요했을까요?

_____

_____

_____

_____

_____

_____

_____

_____

ESV

9 In those days Jesus came from Nazareth of Galilee and was baptized by John in the Jordan.

10 And when he came up out of the water, immediately he saw the heavens being torn open and the Spirit descending on him like a dove.

11 And a voice came from heaven, "You are my beloved Son; with you I am well pleased."

12 The Spirit immediately drove him out into the wilderness.

13 And he was in the wilderness forty days, being tempted by Satan. And he was with the wild animals, and the angels were ministering to him.

5. 예수님의 본격적인 활동은 어디에서 시작되며 어떤 메시지를 전파하십니까(14~15)? 그곳에서 누구를 부르십니까(16, 19)? 부르심의 목적은 무엇입니까(17)? 그들을 불렀을 때 반응은 어떠합니까(18, 20)?

ESV

14 Now after John was arrested, Jesus came into Galilee, proclaiming the gospel of God,

15 and saying, "The time is fulfilled, and the kingdom of God is at hand; repent and believe in the gospel."

16 Passing alongside the Sea of Galilee, he saw Simon and Andrew the brother of Simon casting a net into the sea, for they were fishermen.

17 And Jesus said to them, "Follow me, and I will make you become fishers of men."

18 And immediately they left their nets and followed him.

19 And going on a little farther, he saw James the son of Zebedee and John his brother, who were in their boat mending the nets.

20 And immediately he called them, and they left their father Zebedee in the boat with the hired servants and followed him.

1. 예수님에 대한 세례 요한의 진술(7,8), 하나님의 진술(11), 그리고 시험 후 천사들의 반응(13)을 볼 때, 예수님은 어떤 분이라고 생각됩니까? 그렇다면 당신에게 있어서 예수님은 어떤 분인지 진술해봅시다.

2. '복된 소식'을 전해주기 위해 예수님께서는 무엇을 내려놓고, 어떤 일을 겪으셨습니까? 복음의 초청 앞에 제자들은 무엇을 내려놓고, 어떤 반응을 보였습니까? 복음의 초청 앞에서 당신이 내려놓아야 할 것은 무엇입니까?

함께 기도합시다

ΙΧΘΥΣ(익투스)

　그리스어로 물고기를 의미하는 '익투스'는 초기 기독교인들에 의해서 사용된 의미 있는 부호였다고 알려져 있습니다. 다섯 개의 그리스어 알파벳은 각각, 예수(I), 그리스도(X), 하나님(Θ), 아들(Υ), 구원자(Σ)의 첫 글자로 이뤄진 두문자어(頭文字語, acronym)입니다. 그들은 이것을 통해 예수님이 구주가 되심을 고백했습니다.

　긴 복음서를 줄이고 줄여 한 문장으로 만들면, 바로 이 단어가 내포한 의미가 됩니다. 즉, 복음서는 예수님이 구원자가 되심을 드러내는 책입니다. 그래서 복음서를 읽고 공부하면 우리의 마음이 평안해지거나 위로를 얻기도 하지만, 무엇보다도 우리는 구원의 열매를 얻게 됩니다. 성경과 우리가 만났을 때, 그곳에는 구원의 열매가 맺혀야 합니다. 이 구원은 소극적으로는 멸망당하지 않고 천국에 가게 되는 것을 말하지만, 적극적으로는 하나님의 자녀가 되어 하나님의 자녀답게 살아가는 모든 삶을 의미합니다. 즉, 천국행 열차의 탑승 티켓을 쟁취하려는 소극적 구원 의식이 아니라, 그곳의 승객답게 살아가는 적극적 삶의 체계를 의미합니다.

　예수님은 구주이십니다. 복음서를 통해서 우리는 무엇보다도 구주 예수님을 만나야겠습니다.

2과

예수님의 하루

- **마가복음 1:21-39(22)**
  뭇 사람이 그의 교훈에 놀라니 이는 그가 가르치시는 것이 권위 있는 자와 같고 서기관들과 같지 아니함일러라

우리는 살아가면서 많은 선생님을 만나 많은 가르침과 영향을 받습니다. 그중에는 쉽게 잊혀진 가르침도 있는 반면 우리의 인생에 깊은 영향을 끼친 가르침도 있습니다. 사람의 인생은 가르침의 결과물입니다. 좋은 스승을 만나서 좋은 가르침을 깊이 흡수한 사람일수록 좋은 인생 결과물을 가지게 됩니다.

오늘 말씀 속에 사람들이 깜짝 놀랐던 한 선생님이 계십니다. 예수님은 교육계, 의료계 등을 망라한 인생계 전체에 있어서 충격 그 자체였습니다. 이는 부지런하고 희생적인 삶의 형식뿐만 아니라, 메시아로서 우리의 인생을 온전케 해 주시는 삶의 내용까지 포함하고 있습니다. 탁월한 인생 교사, 영적 스승을 만나고 싶지 않습니까? 예수님의 삶의 형식을 배움으로 우리의 매일의 일과가 바뀌고, 예수님의 삶의 내용을 배움으로 우리의 인생의 결과가 바뀌는, 예수님과의 충격적 만남이 있기를 소원합니다.

1. 오전 시간, 예수님께서는 회당에서 무엇을 하셨습니까
   (21)? 그때 사람들의 반응은 어떠합니까(22)? 왜 사람들
   이 예수님의 가르침에 놀랐을까요(22b; 마 5:21, 22; 27,
   28; 33, 34; 38, 39; 43, 44)?

2. 예수님의 권세가 실제로 어떻게 드러납니까(23~26)?
   하나님의 아들의 권세(24) 앞에서 사람들의 반응은 어
   떠합니까(27~28)? 당신이 그곳에 있었다면 어떤 반응
   을 보였을까요?

ESV

21 And they went into Capernaum, and immediately on the Sabbath he entered the synagogue and was teaching.
22 And they were astonished at his teaching, for he taught them as one who had authority, and not as the scribes.
23 And immediately there was in their synagogue a man with an unclean spirit. And he cried out,
24 "What have you to do with us, Jesus of Nazareth? Have you come to destroy us? I know who you are—the Holy One of God."
25 But Jesus rebuked him, saying, "Be silent, and come out of him!"
26 And the unclean spirit, convulsing him and crying out with a loud voice, came out of him.
27 And they were all amazed, so that they questioned among themselves, saying, "What is this? A new teaching with authority! He commands even the unclean spirits, and they obey him."
28 And at once his fame spread everywhere throughout all the surrounding region of Galilee.

3. 오후 시간, 예수님께서는 시몬의 집에서 무엇을 하셨습니까(29~31)? 저물어 해질 때에는 무엇을 하셨습니까(32~34)? 얼마나 많은 사람들이 찾아왔으며, 예수님께서는 이들을 어떻게 도우십니까? 사람들을 대하는 당신의 태도는 어떠합니까? 혹시 사람을 귀찮아해 본 적은 없습니까?

4. 새벽 시간, 예수님께서는 한적한 곳에서 무엇을 하셨습니까(35)? 하루 종일 일하신 후 새벽 시간에 피곤했을 텐데 예수님께서는 왜 그렇게 하셨을까요? 당신은 하루의 첫 시간을 어떻게 보냅니까?

ESV

29 And immediately he left the synagogue and entered the house of Simon and Andrew, with James and John.
30 Now Simon's mother-in-law lay ill with a fever, and immediately they told him about her.
31 And he came and took her by the hand and lifted her up, and the fever left her, and she began to serve them.
32 That evening at sundown they brought to him all who were sick or oppressed by demons.
33 And the whole city was gathered together at the door.
34 And he healed many who were sick with various diseases, and cast out many demons. And he would not permit the demons to speak, because they knew him.
35 And rising very early in the morning, while it was still dark, he departed and went out to a desolate place, and there he prayed.

5. 새 날이 되었을 때, 예수님께서는 어디에서 무엇을 하셨습니까(39)? 왜 자기를 찾는 사람들을 떠나서 다른 곳으로 이동하셨습니까(36~38)? 당신은 하고 싶은 일(인기)과 해야 하는 일(사명) 사이에서 고민했던 적이 있습니까? 그때 당신은 주로 어떤 방향으로 결정합니까?

ESV

36 And Simon and those who were with him searched for him,

37 and they found him and said to him, "Everyone is looking for you."

38 And he said to them, "Let us go on to the next towns, that I may preach there also, for that is why I came out."

39 And he went throughout all Galilee, preaching in their synagogues and casting out demons.

1. 예수님의 하루와 당신의 하루를 비교해 보십시오. 예수님의 일과에 있어서 가장 인상적인 장면은 무엇입니까? 당신의 일과에 있어서 바뀌어야 할 부분은 무엇입니까?

2. 예수님의 하루는 단순히 바쁘고 열심히 살아가는 것 이상의 의미, 즉 메시아로서의 삶의 증거들을 보여주고 있습니다. 메시아 예수님의 가르침의 권위와 병 고침의 권세를 생각해볼 때, 어떤 절망의 상황에서도 회복되지 못할 사람은 없습니다. 당신의 인생에서 메시아 예수님으로 인해 변화되길 바라는 부분이 있다면 나눠봅시다.

함께 기도합시다

그의 교훈에 놀라니

　세상의 모든 선생들은 정도의 차이는 있겠지만 인용(引用) 교사입니다. 즉, 다른 사람의 이론이나 사상을 끌어와서 그 위에 자신의 것을 덧붙여 설명합니다. 인용하는 이론이나 사상의 출처가 얼마나 권위 있는가에 따라서 그 가르침의 권위도 연동됩니다. 이것은 다른 사람의 권위를 덧입는 방식의 가르침입니다. 실제로 이런 가르침의 방법으로부터 자유로울 수 있는 선생은 거의 없습니다. 당시에 율법 전문가였던 서기관들도 마찬가지였습니다. 그들은 역사적으로 권위 있는 랍비의 가르침을 인용함으로써 그것을 자신들의 가르침의 권위로 삼았습니다. 그러나 예수님은 달랐습니다. 예수님은 인용 교사가 아니라 원전(原典) 교사였습니다. 예수님은 누군가의 주석 인용을 필요로 하는 분이 아닙니다. 예수님 자신이 원전이요 원저자이기 때문입니다. 하나님의 말씀에 대한 해석도, 인생 전반에 대한 해석 역시도 예수님은 원전 교사로서의 권위를 가지고 정확하게 가르치셨습니다. 더 좋은 인용구를 찾아다니는 것도 나름대로 의미는 있겠지만, 인생의 원전을 만나는 것에 비할 수 있겠습니까? 인생의 풀리지 않는 매듭은 우리 인생의 원전 교사가 되시는 메시아 예수님을 만날 때 해결될 수 있습니다.

3과

새 포도주는 새 부대에

● **마가복음 2:13-28(22)**

새 포도주를 낡은 가죽 부대에 넣는 자가 없나니 만일 그렇게 하면 새 포도주가 부대를 터뜨려 포도주와 부대를 버리게 되리라 오직 새 포도주는 새 부대에 넣느니라 하시니라

수천 년 이어져 온 전통이라는 이름의 관습은 사람들의 머릿속 깊은 곳까지 점령하여 점점 더 강력한 진을 형성하려는 경향을 가지고 있습니다. 종교적 관습도 예외는 아니어서, 당시 바리새인들은 전통 수호의 첨병 역할을 하고 있었습니다. 그때 그들의 전통의 진지에 복음이라는 혁명적 패러다임이 던져졌습니다. 그것이 오늘 말씀 속에서 세 번의 갈등으로 나타납니다.

복음적 사고에 저항하는 바리새인들의 모습 속에 우리의 모습이 오버랩 되어 나타나고 있지는 않은지 조심스럽게 살펴보아야 하겠습니다. 끝까지 변화를 거부하는 우리의 옛 자아를 복음 앞에 세우고, 복음과 건전한 갈등을 겪도록 기꺼이 내어줍시다. 좀 아프더라도 그것은 성장통이 될 것입니다.

말씀의 자리

1. 큰 무리를 가르치시던 예수님께서 특별히 한 사람을 만나십니다. 누구를 어떤 상황에서 부르시며 그의 반응은 어떠합니까(13~14)? 당신은 언제 어떤 상황에서 예수님을 처음 만났습니까?

2. 부름 이후에 예수님께서 어디에서 무엇을 하십니까(15)? 바리새인의 서기관들이 이에 대해 어떤 문제를 제기하며, 예수님께서는 어떻게 대답하십니까(16~17)? 사람을 바라보는 두 관점에 어떤 차이점이 있습니까? 당신은 사람을 어떤 시각으로 바라봅니까?

ESV

13 He went out again beside the sea, and all the crowd was coming to him, and he was teaching them.

14 And as he passed by, he saw Levi the son of Alphaeus sitting at the tax booth, and he said to him, "Follow me." And he rose and followed him.

15 And as he reclined at table in his house, many tax collectors and sinners were reclining with Jesus and his disciples, for there were many who followed him.

16 And the scribes of the Pharisees, when they saw that he was eating with sinners and tax collectors, said to his disciples, "Why does he eat with tax collectors and sinners?"

17 And when Jesus heard it, he said to them, "Those who are well have no need of a physician, but those who are sick. I came not to call the righteous, but sinners."

3. 사람들이 예수님께 금식에 대해 어떤 문제를 제기하며, 예수님께서는 어떻게 대답하십니까(18~20)? 혼인집 손님과 신랑은 누구를 말하는 것입니까? 금식과 경건에 대한 두 관점에 어떤 차이가 있습니까?

_____

_____

_____

_____

_____

_____

4. 이에 대해 예수님께서는 어떤 두 가지 비유를 말씀하십니까(21~22)? 생베 조각과 새 포도주, 낡은 옷과 낡은 가죽 부대는 무엇을 말하는 걸까요?

_____

_____

_____

_____

_____

ESV

18 Now John's disciples and the Pharisees were fasting. And people came and said to him, "Why do John's disciples and the disciples of the Pharisees fast, but your disciples do not fast?"

19 And Jesus said to them, "Can the wedding guests fast while the bridegroom is with them? As long as they have the bridegroom with them, they cannot fast.

20 The days will come when the bridegroom is taken away from them, and then they will fast in that day.

21 No one sews a piece of unshrunk cloth on an old garment. If he does, the patch tears away from it, the new from the old, and a worse tear is made.

22 And no one puts new wine into old wineskins. If he does, the wine will burst the skins—and the wine is destroyed, and so are the skins. But new wine is for fresh wineskins."

5. 안식일에 예수님의 제자들이 어떤 행동을 합니까(23)? 그것을 보고 바리새인들이 어떤 문제를 제기합니까 (24)? 이것이 왜 바리새인들에게 문제가 되었을까요(출 34:21; 막 7:8)?

* 안식일에 하지 못할 일(24) : 유대교에서는 안식일에 금해야 할 조항 39가지를 정해 놓았으며, 그중에는 곡식의 수확 행위도 포함된다.

ESV

23 One Sabbath he was going through the grainfields, and as they made their way, his disciples began to pluck heads of grain.

24 And the Pharisees were saying to him, "Look, why are they doing what is not lawful on the Sabbath?"

25 And he said to them, "Have you never read what David did, when he was in need and was hungry, he and those who were with him:

26 how he entered the house of God, in the time of Abiathar the high priest, and ate the bread of the Presence, which it is not lawful for any but the priests to eat, and also gave it to those who were with him?"

27 And he said to them, "The Sabbath was made for man, not man for the Sabbath.

28 So the Son of Man is lord even of the Sabbath."

1. 우리 공동체나 이 사회에 낡은 옷이나 낡은 가죽 부대처럼 버리지 못하고 있는, 복음적 관점과 어울리지 않는 옛 사고방식이 있다면 어떤 것이 있는지 말해봅시다.

2. 당신은 쉽게 잘못을 인정하고 고치는 성격입니까 아니면 고집이 센 성격입니까? 오늘 말씀을 공부하고 당신의 삶에서 새롭게 고치길 원하는 부분이 있다면 구체적으로 무엇이며, 그것을 어떻게 고쳐나갈지 나눠보십시오.

 함께 기도합시다

새 포도주, 새 부대, 새 피

율법주의자는 모든 것을 그대로 지키고, 방임주의자는 어느 것도 그대로 지키지 않습니다. 그리고 모든 사람들은 율법주의와 방임주의 양 극단 사이의 어느 한 지점에 생각의 좌표를 설정하고 살아갑니다. 복음은 경직도 방종도 아닌 진정한 자유를 가져다줍니다. 조항이나 조건에 얽매이는 것이 아니라 하나님과의 관계 속에서 하나님의 원리를 실현해가기 때문입니다. 예수님과 제자들의 모습 속에서 이런 모습을 발견하게 됩니다.

어떻게 날마다 새로운 사람이 될 수 있을까요? 고집의 관성에 자신을 맡겨두면 당장 변화의 고통은 없을지 모르지만, 시간의 흐름에 따라 낡아져 가는 자신의 모습을 발견하게 됩니다. 고집은 우리를 점점 더 낡은 가죽 부대로 만들어갑니다. 그러나 복음은 우리를 최신형 새 가죽 부대로 만들어줍니다. 복음 안에는 우리의 고집이 아니라 하나님의 성품이 녹아 있기 때문입니다. 그래서 복음형 인간의 제조 일자는 항상 오늘입니다. 날마다 새롭게 창조되기 때문입니다(고후 5:17). 나이가 더해질 수록 더 새로워지는 복음의 사람, 이것이 우리의 모습이 되어야겠습니다.

4과

예수님 주변의 사람들

● **마가복음 3:7-30(14)**

이에 열둘을 세우셨으니 이는 자기와 함께 있게 하시고
또 보내사 전도도 하며

예수님 주변에 다양한 사람들이 몰려들었습니다. 예수님에 대한 관심은 대단했습니다. 열광적으로 예수님을 찾는 사람부터 예수님을 비방하고 헐뜯는 사람들까지, 나아온 사람들의 동기는 다 달랐습니다. 예수님은 열광하는 사람들에 의해서 마음이 들뜨지도 않으셨고, 비난하는 사람들에 의해서 의기소침해지지도 않으셨습니다. 오히려 묵묵히 자신의 길을 가시면서 주변의 제자들을 불러 세우셨습니다. 사람들은 아무도 이들에게 관심을 갖지 않았지만 예수님은 이들을 주목하셨습니다. 나아온 사람은 많았으나 선택된 사람은 소수였습니다. 오늘 예수님께 나아온 당신은 무리들 중에 서 있습니까 아니면 제자들 중에 서 있습니까?

1. 어디에서 얼마나 많은 사람들이 예수님께 나아왔습니까(7~9)? 이들이 예수님께 나아온 동기는 무엇입니까(8, 10)? 요즘도 이들과 비슷한 이유로 예수님께 나아오는 사람들을 본 적이 있습니까?

_____

_____

_____

_____

_____

_____

2. 예수님은 어떤 사람들을 부르십니까(13)? 이들을 부르신 이유는 무엇입니까(14~15)? 동기에 있어서, 앞에 나아왔던 무리들과 같은 점은 무엇이며 다른 점은 무엇입니까(막 10:35~37; 막 16:20)?

_____

_____

_____

_____

_____

_____

_____

ESV

9 In those days Jesus came from Nazareth of Galilee and was baptized by John in the Jordan.
10 And when he came up out of the water, immediately he saw the heavens being torn open and the Spirit descending on him like a dove.
11 And a voice came from heaven, "You are my beloved Son; with you I am well pleased."
12 The Spirit immediately drove him out into the wilderness.
13 And he was in the wilderness forty days, being tempted by Satan. And he was with the wild animals, and the angels were ministering to him.

3. 제자들의 이름과 각각의 특징을 아는 대로 말해보시오.
이들의 출신 배경이나 사회적 지위는 어떠했던 것 같습
니까? 예수님께서 이름을 더하여 준 제자들은 누구이
며 왜 이런 이름을 더하셨을까요(16~17; 마 16:18; 눅
9:54)?

4. 무리들로 인해 식사할 겨를도 없었던 예수님께 어떤
사람들이 나아왔으며, 이들이 나아온 동기는 무엇입
니까(21~22)? 이에 대한 예수님의 대답은 무엇입니까
(23~27)?

ESV

16 He appointed the twelve: Simon (to whom he gave the name Peter);

17 James the son of Zebedee and John the brother of James (to whom he gave the name Boanerges, that is, Sons of Thunder);

18 Andrew, and Philip, and Bartholomew, and Matthew, and Thomas, and James the son of Alphaeus, and Thaddaeus, and Simon the Cananaean,

19 and Judas Iscariot, who betrayed him.

20 Then he went home, and the crowd gathered again, so that they could not even eat.

21 And when his family heard it, they went out to seize him, for they were saying, "He is out of his mind."

22 And the scribes who came down from Jerusalem were saying, "He is possessed by Beelzebul," and "by the prince of demons he casts out the demons."

23 And he called them to him and said to them in parables, "How can Satan cast out Satan?

24 If a kingdom is divided against itself, that kingdom cannot stand.

25 And if a house is divided against itself, that house will not be able to stand.

5. 예수님께서 서기관들의 행위에 대해서 뭐라고 말씀하십니까(28~30)? 예수님의 말씀을 생각해 볼 때, 성령을 모독하는 죄는 무엇일까요? 이런 죄에 빠진 사람들을 본 적이 있습니까?

1. 이익 때문에 예수님께 나아왔던 사람들은 자기의 이익과 맞지 않으면 오히려 예수님에 대해서 적대세력이 됩니다(막 15:13). 당신이 예수님께 나아온 주요 동기는 무엇입니까? 이익이 없고 오히려 고난이 찾아온다 하더라도 당신과 예수님의 관계는 탄탄하게 유지될 수 있겠습니까?

2. 예수님의 제자들과 비교해볼 때 당신의 사회적 배경은 어떠합니까? 예수님께서 지금 당신을 제자로 부르신다면 당신은 어떻게 반응하겠습니까?

함께 기도합시다

원하는 자들을 부르시니

예수님은 제자 선발대회를 갖지 않으셨습니다. 화려한 이력서와 자기소개서를 요구하지 않으셨습니다. 높은 자격요건을 요구하지도 않으셨습니다. 제자들의 사회적 성취도와 상관없이 주권적으로 부르셨습니다. 그렇다고 해서 예수님께서 마음 내키는 대로 대충 부르신 것은 결코 아닙니다. 오히려 누가복음에는 이렇게 기록되어 있습니다. '이 때에 예수께서 기도하시러 산으로 가사 밤이 새도록 하나님께 기도하시고 밝으매 그 제자들을 부르사 그 중에서 열둘을 택하여 사도라 칭하셨으니' (눅 6:12, 13)

십자가를 앞두고 그 밤에 기도하셨던 것처럼, 제자들을 선택하실 때에도 밤이 새도록 기도하셨습니다. 제자 한 사람 한 사람은 예수님의 관심의 결정체입니다. 당신이 예수님의 제자라면, 그 제자 됨 속에는 예수님의 밤샘기도의 땀이 녹아 있습니다. 그렇기 때문에, 이익에 휩쓸려 다니는 무리들이 많은 이 시대에도 예수님의 제자는 이익 앞에 제자 됨을 팔지 않습니다.

5과

씨 뿌림과 마음 밭

● **마가복음 4:1-20(20)**

좋은 땅에 뿌려졌다는 것은 곧 말씀을 듣고 받아 삼십 배나 육십 배나 백 배의 결실을 하는 자니라

똑같은 씨가 똑같은 사람에 의해서 똑같은 방법으로 각기 다른 네 가지 종류의 땅에 뿌려졌습니다. 결과는 어땠을까요? 씨가 뿌려졌다는 사실이 중요한 것이 아니라, 싹이 트고 열매가 맺혀질 때 그 씨 뿌림은 비로소 의미를 가지게 됩니다.

인생의 풍년을 원하십니까? 수확량은 토질함수입니다. 즉, 우리 인생의 열매는 마음 상태에 달려있습니다. 하나님의 말씀이 아무리 많이 주어져도 그것을 받아들이지 않는다면 그곳에는 그저 열매 없는 공허한 씨 뿌림만이 있을 뿐입니다.

이 시간에도 하나님의 말씀이 우리의 마음에 떨어지고 있습니다. 아스팔트와 같은 마음에는 발아와 결실의 유기반응이 일어나지 못합니다. 당신 마음속, 습기 머금은 부드러운 땅 위로 하나님의 말씀이 떨어지길 기도합니다.

1. 예수님께서 가르치시는 상황과 풍경이 어떤지 말로 설명
   해봅시다(1~2). 무엇에 관한 비유입니까(3)? 당신은 지금
   까지 살아오면서 씨를 심고 식물을 길러본 경험이 있습
   니까? 오늘 말씀에서 씨는 결국 무엇을 상징합니까(14)?

_____

_____

_____

_____

_____

_____

2. 첫 번째 씨는 어디에 뿌려졌으며 어떻게 되었습니까(4)?
   이것은 어떤 의미입니까(15)? 혹시 이런 경우를 겪었거
   나 본 적이 있다면 경험을 나눠봅시다.

_____

_____

_____

_____

_____

_____

ESV

1 Again he began to teach beside the sea. And a very large crowd gathered about him, so that he got into a boat and sat in it on the sea, and the whole crowd was beside the sea on the land.
2 And he was teaching them many things in parables, and in his teaching he said to them:
3 "Listen! A sower went out to sow.
4 And as he sowed, some seed fell along the path, and the birds came and devoured it.

3. 두 번째 씨는 어디에 뿌려졌으며 어떻게 되었습니까 (5~6)? 이것은 어떤 의미입니까(16~17)? 돌밭의 특성은 어떠하며, 길 가와 다른 점은 무엇입니까? 이와 같은 비슷한 마음을 가진 사람들은 어떤 사람들일까요?

_____

_____

_____

_____

_____

_____

_____

4. 세 번째 씨는 어디에 뿌려졌으며 어떻게 되었습니까 (7)? 이것은 어떤 의미입니까(18~19)? 앞의 두 경우와 다른 점은 무엇입니까? 염려와 재물의 유혹과 욕심이 왜 하나님의 말씀을 열매 맺지 못하게 할까요? 그런 경우가 있었다면 나눠봅시다.

_____

_____

_____

_____

_____

_____

_____

_____

ESV

5 Other seed fell on rocky ground, where it did not have much soil, and immediately it sprang up, since it had no depth of soil.
6 And when the sun rose, it was scorched, and since it had no root, it withered away.
7 Other seed fell among thorns, and the thorns grew up and choked it, and it yielded no grain.

16 And these are the ones sown on rocky ground: the ones who, when they hear the word, immediately receive it with joy.
17 And they have no root in themselves, but endure for a while; then, when tribulation or persecution arises on account of the word, immediately they fall away.
18 And others are the ones sown among thorns. They are those who hear the word,
19 but the cares of the world and the deceitfulness of riches and the desires for other things enter in and choke the word, and it proves unfruitful.

5. 네 번째 씨는 어디에 뿌려졌으며 어떻게 되었습니까(8)? 이것은 어떤 의미입니까(20)? 다른 밭들과 비교해 볼 때, 결국 열매 맺는데 있어서 관건은 무엇일까요(9, 12, 20)? 말씀을 듣고 공부할 때 당신의 마음의 상태는 주로 어떠합니까?

ESV

8 And other seeds fell into good soil and produced grain, growing up and increasing and yielding thirtyfold and sixtyfold and a hundredfold."

9 And he said, "He who has ears to hear, let him hear."

10 And when he was alone, those around him with the twelve asked him about the parables.

11 And he said to them, "To you has been given the secret of the kingdom of God, but for those outside everything is in parables,

12 so that "they may indeed see but not perceive, and may indeed hear but not understand, lest they should turn and be forgiven."

20 But those that were sown on the good soil are the ones who hear the word and accept it and bear fruit, thirtyfold and sixtyfold and a hundredfold."

1. 무리들과 제자들의 차이점은 무엇입니까(10~12)? 이를 볼 때, 당신은 어디에 속하는 것 같습니까? 당신은 말씀을 듣고 깨닫고 적용하는 제자의 즐거움을 맛본 적이 있습니까?

2. 당신 속에, 그리고 당신의 공동체에, 좋은 밭 만들기 프로젝트를 시작하기 위해서는 구체적으로 어떻게 해야 할까요(참조, 마 3:8; 잠 3:34)?

 함께 기도합시다

삼십 배, 육십 배, 백 배

한 이삭에 맺히는 벼의 알 수는 품종마다 차이가 나지만, 적게는 백 개에서 많게는 백팔십 개 정도까지 됩니다. 자연의 결실 법칙을 살펴보노라면, 예수님께서 언급하신 '삼십 배, 육십 배, 백 배'는 과장법이 아니라 오히려 최소한으로 축소한 느낌마저 듭니다. 좋은 밭에 씨를 뿌리고 열심히 가꾸면 누구에게든지 적어도 백 배 정도의 열매는 보장됩니다.

예수님의 비유에서 밭은 네 종류의 토양상태로 분류되었지만, 결실의 관점에서 보면 딱 두 종류로 나눠집니다. 열매를 맺은 밭과 열매를 맺지 못한 밭입니다. 세 밭은 싹이 트고 줄기가 자라 나왔건 그렇지 못했건 간에 결국 열매를 맺지 못했고, 나머지 한 밭은 수십 배 열매를 맺었습니다.

성경은 유달리 열매를 많이 강조합니다. 그래서 열매를 맺지 못하는 것에 대해서는 혹독하게 말합니다. 세례 요한은 마태복음 3장 10절에서 "이미 도끼가 나무 뿌리에 놓였으니 좋은 열매를 맺지 아니하는 나무마다 찍혀 불에 던져지리라"고 했고, 예수님은 마태복음 7장 19절에서 "아름다운 열매를 맺지 아니하는 나무마다 찍혀 불에 던져지느니라"고 말씀하셨습니다.

사람들은 열매를 능력의 문제로 보지만, 성경은 열매를 마음 상태의 문제라고 말합니다. 우리 인생의 열매는 곧 하나님 앞에서의 우리의 마음에 달려 있습니다. 우리의 마음이 하나님의 말씀을 받아들이는 옥토로 일구어진다면, 능력과 상관없이 누구든지 풍성한 열매를 맺을 수 있습니다.

6과

사람을 온전케 하시는 예수님

● **마가복음 5:1-20(8)**

이는 예수께서 이미 그에게 이르시기를 더러운 귀신아 그 사람에게서 나오라 하셨음이라

거라사의 지방에 귀신들린 채 자신의 몸을 자해하며 살았던 사람이 있었습니다. 증상이 너무 심해서 아무도 그 사람에게 도움을 줄 수 없었습니다. 그런데 예수님께서 물을 건너 이 사람을 찾아오셨습니다. 이를 통해 이 사람은 귀신의 억압으로부터 풀려났습니다.

예수님과의 만남은 곧 악한 영과 이별입니다. 많은 현대인들이 귀신들린 것은 아니지만, 악한 영향력에 결박되어 제정신을 잃고 살아가고 있습니다. 진정한 가치에 대한 기준은 무너져가고, 행동에 대한 절제력은 사라져갑니다. 예수님을 만나지 않고는 스스로 온전해질 수가 없습니다.

거라사 지방에 상륙하신 예수님께서, 이 시간에 우리의 마음속에도 임하시도록 기대하는 마음으로 말씀을 공부해 봅시다.

1. 거라사 지방에서 만난 더러운 귀신들린 사람의 형편이 어떠합니까(3~5)? 귀신들린 사람의 모습을 보면서, 그 중 현대인의 삶과 비슷한 점은 무엇인지 찾아봅시다.

_____

_____

_____

_____

_____

_____

_____

2. 귀신들의 반응을 볼 때 예수님의 권세가 어떤 것 같습 니까(6~7)? 예수님께서는 귀신들린 사람에게 무슨 말 씀을 하셨습니까(8)? 마을 사람들이 그 사람을 대하는 것과 어떤 차이가 있습니까?

_____

_____

_____

_____

_____

_____

_____

_____

_____

ESV

1 They came to the other side of the sea, to the country of the Gerasenes.

2 And when Jesus had stepped out of the boat, immediately there met him out of the tombs a man with an unclean spirit.

3 He lived among the tombs. And no one could bind him anymore, not even with a chain,

4 for he had often been bound with shackles and chains, but he wrenched the chains apart, and he broke the shackles in pieces. No one had the strength to subdue him.

5 Night and day among the tombs and on the mountains he was always crying out and cutting himself with stones.

6 And when he saw Jesus from afar, he ran and fell down before him.

7 And crying out with a loud voice, he said, "What have you to do with me, Jesus, Son of the Most High God? I adjure you by God, do not torment me."

8 For he was saying to him, "Come out of the man, you unclean spirit!"

3. 귀신들이 어떤 요청을 합니까(10~12)? 예수님께서 그 요청을 허락하셨을 때, 귀신들에게(13), 그리고 귀신들린 사람에게(15) 각각 어떤 일이 일어납니까? 이 둘 중, 당신의 마음에는 어떤 일이 더 크게 느껴집니까?

4. 마을 사람들이 고침 받은 사람을 보고 어떻게 반응합니까(15)? 예수님에 대해서는 어떻게 반응합니까(17)? 왜 마을 사람들은 예수님을 받아들이지 못했을까요? 혹시 당신 속에도 예수님을 받아들이는데 있어서 방해가 되는 마음이 있다면 어떤 것인지 말해봅시다.

ESV

9 And Jesus asked him, "What is your name?" He replied, "My name is Legion, for we are many."

10 And he begged him earnestly not to send them out of the country.

11 Now a great herd of pigs was feeding there on the hillside,

12 and they begged him, saying, "Send us to the pigs; let us enter them."

13 So he gave them permission. And the unclean spirits came out, and entered the pigs, and the herd, numbering about two thousand, rushed down the steep bank into the sea and were drowned in the sea.

14 The herdsmen fled and told it in the city and in the country. And people came to see what it was that had happened.

15 And they came to Jesus and saw the demon-possessed man, the one who had had the legion, sitting there, clothed and in his right mind, and they were afraid.

16 And those who had seen it described to them what had happened to the demon-possessed man and to the pigs.

17 And they began to beg Jesus to depart from their region.

5. 고침 받은 사람이 예수님께 어떤 요청을 합니까(18)?
   그 요청에 대해 예수님께서는 무엇이라고 말씀하시며,
   결국 그 사람이 어떻게 행합니까(19~20)? 이를 볼 때,
   예수님을 깊이 만난 사람의 사명은 무엇일까요?

ESV

18 As he was getting into the boat, the man who had been possessed with demons begged him that he might be with him.

19 And he did not permit him but said to him, "Go home to your friends and tell them how much the Lord has done for you, and how he has had mercy on you."

20 And he went away and began to proclaim in the Decapolis how much Jesus had done for him, and everyone marveled.

21 And when Jesus had crossed again in the boat to the other side, a great crowd gathered about him, and he was beside the sea.

1. 당신의 삶에 거라사인이 처했던 삶의 형편과 비슷한 어려움이 있다면, 나눌 수 있는 범위까지 나누어보십시오. 1, 2절과 21절을 볼 때, 예수님께서 거라사인의 지방에 굳이 가셨던 이유가 무엇이라고 생각합니까? 오늘 말씀을 통해 예수님께서 당신을 굳이 찾아오신 이유는 무엇일까요?

2. 예수님의 관심사와 마을 사람들의 관심사가 어떻게 차이가 납니까(8, 15~17)? 당신은 지금 '많은 돼지'와 '한 사람' 중 어디에 더 관심을 가지고 있습니까?

함께 기도합시다

더러운 귀신아 그 사람에게서 나오라

사람이 사람을 바라보는 관점, 그것은 시대마다 다르고 개인마다 다릅니다. 그렇지만 사람을 사람 그 자체로 보지 않고 그 사람이 가진 지식, 재산, 외모, 능력과 같은 기준에 따라 판단하게 될 때 그곳에 더 이상 사람은 존재하지 않습니다. 사람이라는 상품을 쌌던 포장지만 있을 뿐입니다. 그런 기준으로 보자면 귀신들린 한 거라사인은 위험하고 난폭한 사람이었습니다. 그저 더러운 사람이었습니다. 사람들은 그가 다가오면, "더러운 사람아, 저리 꺼져라"하고 소리쳤을 것입니다. 그러나 예수님의 입에서는 전혀 다른 말씀이 흘러나왔습니다. "더러운 귀신아, 그 사람에게서 나오라"하고 명령했습니다. 예수님께 귀신들린 거라사인은 '그 사람'이었습니다. 그가 더러운 것이 아니라 그의 속에 있던 귀신이 더러운 것이었습니다. 사람들은 거라사인을 귀신으로 봤습니다. 그러나 예수님은 거라사인을 사람으로 봤습니다. 사람에 대한 예수님의 관점은 귀신과 사람을 분리시켜 바라보는 것이었습니다. 회복의 시작은 사람을 사람으로 바라볼 때 일어납니다.

우리 주변에도 여러 가지 악한 영향력 아래에서 살아가는 사람들이 많이 있습니다. 그들의 악함과 더러움을 보기 이전에 그들을 '사람'으로 볼 수 있는 눈을 가져야겠습니다. 예수님이 그랬던 것처럼, 우리의 눈에 먼저 '그 사람'이 들어와야겠습니다.

7과

절망의 순간에서 만난 예수님

● **마가복음 5:21-43(36)**

예수께서 그 하는 말을 곁에서 들으시고 회당장에게 이르시되 두려워하지 말고 믿기만 하라 하시고

다른 사람들이 절망적인 상황에 있을 때, 우리는 자주 "두려워하지 말고 믿기만 하십시오"라고 말합니다. 그러나 그 절망이 자신의 것이 될 때에는 우리가 다른 사람에게 했던 말이 공허하게 다가오는 경우가 많습니다. 실제 삶의 자리에서 절망을 경험할 때 비로소 내 믿음의 진면목을 보게 되는 것입니다.

오늘 본문 속에서, 우리는 절망 속에 있는 사람들을 만나게 됩니다. 엄습하는 죽음과 질병의 고통 속에서 한 가닥 희망의 빛줄기를 찾는 이들입니다. 또한 이들을 안타까움 속에서 바라보는 사람들이 있습니다. 그들은 그 절망의 자리에서 예수님을 만났습니다. 이들이 예수님을 만나는 과정을 살펴봄으로써, 우리의 삶 속에서 경험되는 절망과 두려움을 극복하는 방법을 배울 수 있습니다.

1. 회당장 야이로가 예수님께 온 이유가 무엇입니까(23)? 야이로가 예수님께 와서 간청하는 자세가 어떠합니까(22~23)? 회당장의 신분으로 예수님께 나아온 야이로의 모습에서 배울 수 있는 것이 무엇입니까?

_____

_____

_____

_____

_____

_____

2. 예수님은 인산인해를 이루고 있는 사람들을 뚫고 야이로의 집으로 가게 됩니다. 가는 도중에 무슨 일이 일어났습니까(25~29)? 그동안 여인은 자신의 병을 치료하기 위해 얼마나 많은 고생을 하였습니까? 여인의 간절함(27)과 믿음(28)에 대해서 생각해봅시다.

ESV

21 And when Jesus had crossed again in the boat to the other side, a great crowd gathered about him, and he was beside the sea.
22 Then came one of the rulers of the synagogue, Jairus by name, and seeing him, he fell at his feet
23 and implored him earnestly, saying, "My little daughter is at the point of death. Come and lay your hands on her, so that she may be made well and live."
24 And he went with him. And a great crowd followed him and thronged about him.
25 And there was a woman who had had a discharge of blood for twelve years,
26 and who had suffered much under many physicians, and had spent all that she had, and was no better but rather grew worse.
27 She had heard the reports about Jesus and came up behind him in the crowd and touched his garment.
28 For she said, "If I touch even his garments, I will be made well."
29 And immediately the flow of blood dried up, and she felt in her body that she was healed of her disease.

3. 한 생명이 위급한 상황에서 예수님은 가던 길을 멈추십니다. 제자들은 예수님의 멈추심을 이해하지 못했습니다. 예수님이 하신 말씀과 예수님의 행동에 주목해봅시다(30, 32, 34). 여인의 고백(33)과 예수님의 말씀(34)을 통해서 알 수 있는 예수님의 마음과 의도를 생각해봅시다.

4. 예수님이 지체하는 동안 야이로의 집에서 어떤 소식이 왔습니까(35)? 이 소식을 들은 야이로의 심정이 어떠했을까요? 이때 예수님이 야이로에게 하신 말씀이 무엇입니까(36)? 두려움과 절망의 시간에 우리에게 필요한 것이 무엇입니까?

ESV

"Who touched my garments?"

31 And his disciples said to him, "You see the crowd pressing around you, and yet you say, 'Who touched me?'"

32 And he looked around to see who had done it.

33 But the woman, knowing what had happened to her, came in fear and trembling and fell down before him and told him the whole truth.

34 And he said to her, "Daughter, your faith has made you well; go in peace, and be healed of your disease."

35 While he was still speaking, there came from the ruler's house some who said, "Your daughter is dead. Why trouble the Teacher any further?"

36 But overhearing what they said, Jesus said to the ruler of the synagogue, "Do not fear, only believe."

5. 야이로의 집은 죽음이라는 절망에 휩싸였습니다(38). 이때 예수님은 무슨 말씀을 하십니까(39)? 이에 대한 사람들의 반응이 어떠합니까(40)? 죽음이 무엇인지 자기 생각을 나누어 봅시다.

6. 예수님은 야이로의 딸을 어떻게 살리셨습니까(40, 41)? 사람들의 반응은 어떠했습니까(42)? 죽은 소녀를 살리시는 예수님은 어떤 분입니까?

1. 본문의 혈루증 앓는 여인과 회당장 야이로, 야이로의 딸은 절망이라는 그림자 속에 있었습니다. 당신이 경험하고 있는 절망이 있다면 나누어 봅시다.

2. 본문의 사람들은 절망 가운데 예수님께 나왔고 절망을 극복하였습니다. 예수님은 그들에게 희망이 되었습니다. 개인적으로, 공동체적으로 경험하고 있는 절망을 극복할 수 있는 길은 무엇입니까?

함께 기도합시다.

두려워하지 말고 믿기만

"달리다굼" "소녀야 일어나라"

예수님은 죽은 소녀를 향하여 외치셨습니다. 예수님의 말씀의 권세 앞에 죽은 소녀가 벌떡 일어났습니다. 싸늘한 시체에 생명이 되돌아왔습니다. 사람들은 놀랐습니다. 죽은 사람이 다시 살아나다니! 우리 예수님은 병만 고치실 뿐 아니라 죽은 자도 다시 살리시는 생명의 주, 부활의 주이심을 온 천하에 선포하셨습니다. 인간의 한계상황이 죽음입니다. 죽음 앞에 인간은 절망하며 통곡할 뿐입니다. 죽음 앞에 아무 일도 할 수 없습니다. 예수님께서는 인간의 한계상황인 죽음마저도 해결해 주심으로써 온 천하에 생명의 구주이심을 선포하신 것입니다.

예수님으로부터 치유와 생명을 회복한 두 사람에게는 공통점이 있습니다. 첫째는 절망의 낭떠러지 순간에 마지막으로 예수님께 소망을 두고 나아왔다는 점이며, 둘째는 사회적 장벽에 포기하지 않고 예수님의 도우심을 청했다는 사실입니다. 회당장 야이로나 혈루병 걸린 여자는 예수님께 나아오는 것이 결코 쉽지 않았습니다. 하지만 회장당 야이로는 주위의 시선이나 자존심 따위는 아랑곳하지 않았습니다. 혈루병 걸린 여인은 사회적인 불편한 시선과 괴로운 처사들에 굴하지 않았습니다. 이 두 사람은 큰 피해와 목숨을 하나님께 담보하며 용기를 내어 예수님께 나아왔던 것입니다. 그 중심을 잘 아셨던 예수님은 그들에게는 "두려워하지 말고 믿기만 하라"고 말씀하여 주시며 그 마음까지도 위로하여 주셨습니다.

지금도 살았다고 하나 죽은 자 같은 사람들이 많습니다. 하나님도 모르고, 천국도 모르고 영생도 없이 살고 있는 자는 사실상 영혼이 죽은 자입니다. 예수님께서는 이런 죽은 자들을 향하여 "달리다굼" 외치십니다. 하나님의 일꾼으로 부름받았으나 아무 일도 하지 못하는 죽은 자와 방불한 사람들이 있습니다. 이 음성을 들으십시오. "달리다굼!"

이 음성을 듣는 사람만이 소망의 인생을 살게 됩니다. 주의 이 음성을 듣고 새 힘을 얻어 일어서는 은혜가 있기를 바랍니다.

8과

제자를 훈련시키시는 예수님

● **마가복음 6:1-16(7)**

열두 제자를 부르사 둘씩 둘씩 보내시며 더러운 귀신을 제어하는 권능을 주시고

예수님은 공생애 기간 그 바쁜 와중에도 한 가지 일은 결코 포기하지 않으셨습니다. 그것은 제자훈련이었습니다. 어떤 상황 속에서도 주님은 제자들을 준비시키셨고, 제자들을 훈련시키셨습니다.

오늘 본문은 예수님께서 제자들을 실제로 훈련시키시기 위해서 파송하신 것을 기록하고 있습니다. 그러면서 제자로서, 사역자로서의 자세에 대해서 말씀하셨습니다. 이와 같이 우리도 주님께서 우리에게 맡기신 사명을 감당하기 전에 철저히 훈련받는 것이 필요합니다. 어떤 훈련이 필요하며, 어떻게 협력할 것인가는 매우 중요한 문제입니다. 자, 우리 모두 주님의 제자훈련장으로 들어가 봅시다.

1. 예수님께서 가버나움을 떠나 고향으로 가십니다(1). 예수님의 가르침에 대한 고향사람들의 반응이 어떠합니까(2)? 고향 사람들이 예수님을 배척한 이유가 무엇입니까(3)? 혹 예수님의 제자로 살면서 배척당한 경험이 있다면 나누어 봅시다.

2. 배척당하신 예수님이 하신 말씀이 무엇입니까(4)? 결국 예수님은 고향 사람들의 불신을 보고 어떻게 행하십니까(5)? 이 사건을 통해서 알 수 있는 바가 무엇입니까(대하 36:16; 렘 11:21; 막 6:17; 막 12:1~12)?

ESV

1 He went away from there and came to his hometown, and his disciples followed him.
2 And on the Sabbath he began to teach in the synagogue, and many who heard him were astonished, saying, "Where did this man get these things? What is the wisdom given to him? How are such mighty works done by his hands?
3 Is not this the carpenter, the son of Mary and brother of James and Joses and Judas and Simon? And are not his sisters here with us?" And they took offense at him.
4 And Jesus said to them, "A prophet is not without honor, except in his hometown and among his relatives and in his own household."
5 And he could do no mighty work there, except that he laid his hands on a few sick people and healed them.

3. 예수님은 이미 열두 제자를 세우셨습니다(3:13~19). 본문은 그들을 훈련시키시는 내용입니다. 우선 제자 훈련 방법과 제자들에게 주신 권능이 무엇입니까(7)? 왜 이러한 방법과 권능이 필요했을까요?

4. 제자들이 예수님께 받은 제자훈련 매뉴얼은 무엇입니까(8~11)? 그 각각의 의미와 필요들을 생각해봅시다. 이 제자훈련 매뉴얼 중에 당신에게 가장 필요한 것이 있다면 무엇입니까?

ESV

began to send them out two by two, and gave them authority over the unclean spirits.
8 He charged them to take nothing for their journey except a staff—no bread, no bag, no money in their belts—
9 but to wear sandals and not put on two tunics.
10 And he said to them, "Whenever you enter a house, stay there until you depart from there.
11 And if any place will not receive you and they will not listen to you, when you leave, shake off the dust that is on your feet as a testimony against them."

5. 보냄 받은 제자들은 어떻게 사명을 감당했습니까
(12~13)? 그 결과가 어떠합니까(14~16)? 하나님 나라
는 점차 드러나기 마련입니다(참조, 4:21~32의 하나님
나라 비유들). 당신이 속한 공동체가 가지고 있는 하나
님 나라의 비전과 방법을 생각해보시오.

ESV

12 So they went out and proclaimed that people should repent.

13 And they cast out many demons and anointed with oil many who were sick and healed them.

14 King Herod heard of it, for Jesus' name had become known. Some said, "John the Baptist has been raised from the dead. That is why these miraculous powers are at work in him."

15 But others said, "He is Elijah." And others said, "He is a prophet, like one of the prophets of old."

16 But when Herod heard of it, he said, "John, whom I beheaded, has been raised."

1. 예수님의 제자로 산다는 것은 배척 받는 것을 각오하는 삶입니다. 당신은 지인(가족과 친구)들에게 환영받는 제자입니까, 배척당하는 제자입니까? 그 이유는 무엇입니까?

_____

_____

_____

_____

2. 예수님이 주신 제자훈련 매뉴얼 중에 당신에게 가장 어려운 항목이 무엇입니까? 그 것을 감당하기 위해 결단해야 할 것이 있다면 무엇인지 적어보고 나누어 봅시다.

_____

_____

_____

 함께 기도합시다

열두 제자를 부르사

　예수님께서는 몹시 바쁘신 중에서도 제자 양육에 최우선권을 두시고 시간과 정성을 쏟으셨습니다. 열두 제자들 앞에서 배척당하시는 모습을 보여주시기도 하셨습니다. 예수님은 좋은 점만 보이지 않으셨습니다. 이는 주의 길을 가는 과정에서 괴로운 일도 있음을 알게 하신 것입니다. 훗날 제자들이 배척당할 때 쓰러지지 않고 새 힘을 얻어 일어서도록 하려 하심입니다.

　예수님은 제자들을 사랑하셨습니다. 사랑하시므로 훈련시키셔서 믿음 있고 유능하고 열매 맺는 자가 되게 하셨습니다. 또한 예수님은 전도의 때 둘씩 짝지어 보내어 동역 훈련을 시키셨습니다. 사람은 혼자 살 수 없습니다. 함께 살아야 합니다. 그러므로 자기를 부인하고 함께 동역함은 필수적입니다. 그리고 여행 필수품마저도 휴대하지 않음으로 오직 하나님만 의지하는 믿음 훈련을 시키셨습니다. 어느 곳에 들어가면 한 집에 머물러 한 가정을 확실히 세우도록 했습니다. 마지막으로 복음의 우월성을 지키는 훈련도 시키셨습니다.

　우리나라의 젊은이들은 무한한 가능성이 있습니다. 동역 훈련, 믿음 훈련, 핵심있게 일하는 훈련, 긍지 훈련, 지도자 훈련을 잘 받으면 큰 일꾼이 될 줄 믿습니다. 주님은 오늘날에도 여전히 제자들을 불러 훈련시키십니다. 하나님 나라는 준비된 제자들을 통하여 이루어집니다. 주님의 부르심에 순종하여 제자가 되었다면 주님이 주시는 제자훈련을 기쁘게 받아 잘 준비된 제자, 주님이 기뻐하시는 일꾼이 되길 바랍니다. 주님께서 우리를 부르신 특별한 목적이 있음을 명심하고 최선을 다해서 주어진 훈련들을 잘 감당하여 하나님의 뜻을 이루기를 바랍니다.

9과

목자의 마음

● **마가복음 6:30-44(34)**
예수께서 나오사 큰 무리를 보시고 그 목자 없는 양 같
음으로 인하여 불쌍히 여기사 이에 여러 가지로 가르치시
더라

예수님께서는 자신의 십자가 사건과 부활과 승천 이후
에도 복음사역이 계속될 수 있도록 제자들을 부르시고
그들과 함께 숙식하시면서 그들을 가르치셨습니다. 그리
고 실제적인 훈련을 위해 제자들을 파송하셨습니다. 제
자들의 사역은 놀라운 반향을 일으켰고, 예수님의 명성
은 더욱 퍼졌습니다. 그런데 예수님은 그러한 명성보다
도 제자들이 주님과 같은 마음을 갖기 원하셨습니다.

우리 주위를 살펴보십시오. 예수님을 알지 못한 채 돈이
나, 명예나, 사회적 지위가 전부인 것처럼 정신없이 쫓아다
니는 사람들이 얼마나 많습니까? 뿐만 아니라 신앙생활을
한다고 하면서도 왜곡되게 신앙생활을 하는 사람들 역시
얼마나 많습니까? 오늘 본문에서, 주님께서 우리에게 요구
하시는 마음이 있습니다. 주님의 마음을 품는 귀한 시간이
되길 바랍니다.

1. 둘씩 짝을 이루어 사역 훈련을 다녀온 사도들이 무엇을 보고했습니까(30)? 사도들의 심정이 어떠했을까요? 그때 예수님과 제자들에게 필요한 것이 무엇이었습니까(31~32)?

_____

_____

_____

_____

_____

2. 사람들이 예수님과 사도들을 어떻게 찾아왔습니까(33)? 무리를 보시는 예수님의 마음이 어떠했으며, 그들을 어떻게 섬기십니까(34)? 오늘날과 당시 사람들의 형편을 비교해보고 공통점을 찾아보시오.

ESV

30 The apostles returned to Jesus and told him all that they had done and taught.

31 And he said to them, "Come away by yourselves to a desolate place and rest a while." For many were coming and going, and they had no leisure even to eat.

32 And they went away in the boat to a desolate place by themselves.

33 Now many saw them going and recognized them, and they ran there on foot from all the towns and got there ahead of them.

34 When he went ashore he saw a great crowd, and he had compassion on them, because they were like sheep without a shepherd. And he began to teach them many things.

3. 휴식을 취하려는 제자들에게 무리는 큰 부담이었습니다. 날이 저물자 결국 먹는 문제를 해결해야 하는 상황이 되었습니다. 무리를 바라보는 제자들의 마음은 어떠했을까요? 제자들은 어떻게 이 문제를 해결하고자 합니까(35~36)?

ESV

36 Send them away to go into the surrounding countryside and villages and buy themselves something to eat."
37 But he answered them, "You give them something to eat." And they said to him, "Shall we go and buy two hundred denarii worth of bread and give it to them to eat?"

4. 예수님은 무리에 대한 제자들의 마음을 훈련시키고자 합니다. 예수님이 제자들에게 하신 말씀이 무엇이며, 이에 대한 제자들의 반응이 무엇입니까(37)? 예수님 마음과 제자들의 마음이 어떻게 다른가요(참고, 요 6:5~9)?

5. 결국 예수님은 이 문제를 어떻게 해결하십니까(38~41)?
   무리가 얼마나 풍성하게 먹었습니까(42~44)? 예수님은
   이 사건을 통해서도 제자들을 훈련시키시고 있음을 알
   수 있습니다(37, 38, 39, 41). 이를 통해 볼 때 예수님은
   어떤 분입니까(요 6:35)?

ESV

38 And he said to them, "How many loaves do you have? Go and see." And when they had found out, they said, "Five, and two fish."

39 Then he commanded them all to sit down in groups on the green grass.

40 So they sat down in groups, by hundreds and by fifties.

41 And taking the five loaves and the two fish he looked up to heaven and said a blessing and broke the loaves and gave them to the disciples to set before the people. And he divided the two fish among them all.

42 And they all ate and were satisfied.

43 And they took up twelve baskets full of broken pieces and of the fish.

44 And those who ate the loaves were five thousand men.

1. 전도훈련을 통해서 나타나는 이적들은 사도들에게 큰 기쁨이 되었고, 자랑거리가 되었습니다. 전도와 사역의 열매가 있을 때와 없을 때의 당신의 마음이 어떠합니까?

2. 예수님은 친히 목자 없는 무리의 목자가 되시어 풍성한 꼴을 먹이셨습니다(시 23:1~2). 주님은 당신을 목자로 부르시고 "너희가 먹을 것을 주라"고 하십니다. 이 말씀에 순종하기 위해서 당신에게 필요한 것이 무엇입니까?

함께 기도합시다

너희가 먹을 것을 주라

예수님은 전도를 성공적으로 마치고 돌아온 제자들을 쉬게 하기 위해 조용한 장소로 데리고 가셨습니다. 그러나 예수님과 제자들은 쉼을 가질 수가 없었습니다. 많은 무리들이 삶의 이유와 목적을 찾지 못해 방황하며 예수님을 찾아왔기 때문입니다. 무리들은 참 목자를 찾고 있었습니다. 이 무리를 성경은 "목자 없는 양"이라고 표현하고 있습니다. 본래 "목자 없는 양"은 지도자나 왕이 없는 이스라엘을 설명할 때 쓰는 성경의 일반적인 표현입니다(민 27:17; 왕상 22:17; 겔 34:5; 슥 10:2). 그들은 목자 없는 양 같은 존재들이었습니다. 그들에게는 목자가 필요했습니다.

예수님은 목자 없이 방황하는 무리를 불쌍히 여기셨습니다. 그리고 여러 가지로 가르치셨습니다. 예수님은 구약에서부터 약속된 참 목자이십니다(겔 34:10~16). 그리고는 제자들에게 "너희가 먹을 것을 주라"고 하셨습니다. 이 말씀은 사랑이 없는 제자들에게 참 목자가 되어 백성을 먹이라는 주님의 음성입니다. 주님께서는 제자들에게 목자의 마음, 곧 백성을 불쌍히 여기며 가슴 아파하는 목자의 상한 심정을 갖도록 훈련시키셨습니다. 또한 믿음 훈련을 시키셨습니다. 이백 데나리온의 떡도 부족한 상황 속에서 아무것도 없는데 주님께서는 "너희가 먹을 것을 주라"고 말씀하셨습니다. 그리고 떡을 찾아보도록 명령하셔서 믿음을 가지고 찾도록 하셨습니다. 마침내 믿음으로 바쳐진 보리떡 다섯 개와 물고기 두 마리로 5천 명을 배불리 먹이셨습니다.

예수님은 오늘날에도 목자들을 찾고 계시며, 목자들에게 "너희가 먹을 것을 주라"고 말씀하십니다. 오늘날도 참 목자가 필요한 시대입니다. 많은 사람들이 정신 없이 분주히 생활하고 있지만 자신의 삶을 바르게 인도해 줄 목자를 그리워하고 있습니다. 우리도 예수님과 같이 목자 없는 양과 같은 사람들을 불쌍히 여기는 마음을 가져야 합니다. 우리가 할 일은 우리의 조그마한 것이라도 먼저 희생하며 주님께 드리는 것입니다. 우리의 보잘 것 없는 것이라도 예수님의 손에 붙들려서 목자 없는 양과 같은 사람들을 위해서 크게 쓰임 받는 은혜가 있기를 바랍니다.

10과

사람의 전통

● **마가복음 7:1-23(9)**
또 이르시되 너희가 너희 전통을 지키려고 하나님의 계
명을 잘 저버리는도다

예수님 당시 이스라엘의 종교 관습으로 볼 때 예수님의
행동은 파격적이셨습니다. 예수님과 제자들은 안식일에 병
자들을 고치고, 배고픔을 참지 못하여 이삭을 잘라먹었습
니다. 당시에 당연하게 여기던 금식도 하지 않았습니다. 더
구나 사람들에게 천대받고 버림받았던 나병환자와 혈루병
걸린 여인을 치료하셨습니다. 그리고 세리들과 죄인으로 취
급되었던 자들과 함께 식사하며 교제하셨습니다.

오늘 본문에서는, 예수님께서 이렇게 당시의 관습으로
볼 때 파격적으로 행동하신 이유를 우리에게 가르쳐 줍니
다. 본문 속에서 우리는 크게 두 가지를 교훈 받을 수 있습
니다. 먼저 예수님의 말씀과 사역을 통해서 기독교 신앙의
본질이 무엇인지를 아는 것입니다. 두 번째는 예수님의 말
씀과 사역을 통해서 복음 시대에 예수님께서 우리에게 요
구하는 삶이 무엇인지 깨닫는 것입니다.

자, 과연 내가 복음을 바로 이해하고 있는지, 그리고 나
의 삶이 복음에 합당한지 본문 속으로 들어가 봅시다.

1. 바리새인과 서기관들이 예수님께 무슨 질문을 합니까
   (1~5)? 그들이 지키는 장로들의 전통에는 어떤 것들이
   있습니까(3~4)?

   * 장로들의 전통(3, 5): 모세의 율법을 실제 생활에 구체적으로 적용하기 위한 보
     다 상세한 규범으로 예수님 당시까지만 해도 구전(口傳)의 형태로만 존재하였
     으나 후에 문자로 집대성되어 "탈무드"로 만들어지게 됨.

---

2. 예수님은 그들의 이러한 질문에 어떻게 대응합니까
   (6~7; 사 29:13; 참고, 겔 33:31)? 예수님이 정리하신 그
   들의 문제가 무엇입니까(8~9)? 본질적인 것과 비본질적
   인 것이 어떻게 바뀌었는지 생각해봅시다.

ESV

1 Now when the Pharisees gathered to him, with some of the scribes who had come from Jerusalem,

2 they saw that some of his disciples ate with hands that were defiled, that is, unwashed.

3 (For the Pharisees and all the Jews do not eat unless they wash their hands, holding to the tradition of the elders,

4 and when they come from the marketplace, they do not eat unless they wash. And there are many other traditions that they observe, such as the washing of cups and pots and copper vessels and dining couches.)

5 And the Pharisees and the scribes asked him, "Why do your disciples not walk according to the tradition of the elders, but eat with defiled hands?"

6 And he said to them, "Well did Isaiah prophesy of you hypocrites, as it is written, "'This people honors me with their lips, but their heart is far from me;

7 in vain do they worship me, teaching as doctrines the commandments of men.'

8 You leave the commandment of God and hold to the tradition of men."

9 And he said to them, "You have a fine way of rejecting the commandment of God in order to establish your tradition!

3. 예수님이 구체적인 예로 들고 있는 그들의 잘못된 행위가 무엇입니까(10~13)? 여기에 "부모를 공경하라"는 율법까지도 사람의 전통으로 왜곡시키는 인간의 죄악이 어떻게 나타나 있습니까? 하나님 앞에서 이러한 잘못이 있다면 회개하고 나누는 시간을 가져 봅시다.

* 고르반(11): 문자적으로는 "하나님께 드려진 것"이라는 의미(레1:2, 2:1)로 하나님께 바친다고 서약한 물건을 다른 사람이 사용하지 못하게 하는 선한 의도에서 시작된 것임.

4. 예수님은 이 문제에 대한 본질적인 가르침을 주고 있습니다. 사람을 더럽게 하는 것이 무엇이라고 말씀하십니까(14~16)? 제자들은 이 말씀의 뜻을 알아들었습니까(17)? 그 이유는 무엇일까요?

ESV

11 But you say, 'If a man tells his father or his mother, "Whatever you would have gained from me is Corban"' (that is, given to God)—
12 then you no longer permit him to do anything for his father or mother,
13 thus making void the word of God by your tradition that you have handed down. And many such things you do."
14 And he called the people to him again and said to them, "Hear me, all of you, and understand:
15 There is nothing outside a person that by going into him can defile him, but the things that come out of a person are what defile him."
17 And when he had entered the house and left the people, his disciples asked him about the parable.

5. 예수님이 제자들에게 설명하시는 비유의 내용이 무엇
   입니까(18~23)? 사람을 더럽게 하는 항목들을 생각해
   보고 당신을 가장 더럽히고 있는 것이 있다면 그 이유
   가 무엇인지 생각해봅시다.

_____

_____

_____

_____

_____

_____

_____

_____

_____

_____

_____

_____

_____

_____

_____

_____

ESV

18 And he said to them, "Then are you also without understanding? Do you not see that whatever goes into a person from outside cannot defile him,

19 since it enters not his heart but his stomach, and is expelled?" (Thus he declared all foods clean.)

20 And he said, "What comes out of a person is what defiles him.

21 For from within, out of the heart of man, come evil thoughts, sexual immorality, theft, murder, adultery,

22 coveting, wickedness, deceit, sensuality, envy, slander, pride, foolishness.

23 All these evil things come from within, and they defile a person."

1. 바리새인들과 서기관들은 구전된 조상들의 전통을 지키려다가 기록된 하나님의 계명을 저버리는 잘못을 범했습니다. 당신과 당신의 모임 속에서 발견되는 이러한 외식이 있다면 찾아보고 극복할 수 있는 방법을 찾아봅시다.

2. 예수님의 제자는 항상 성장하며 새롭게 되는 사람입니다. 우리 안에서 우리를 더럽게 하는 것을 극복하는 것은 성령의 열매를 맺는 삶입니다(갈 5:22~23). 당신을 깨끗하게 하고 성령의 열매를 맺도록 하기 위해 필요한 것이 무엇입니까?

함께 기도합시다

하나님의 계명과 사람의 전통

예수님 당시에 바리새인과 서기관 등 유대주의자들은 모세의 율법이나 장로들의 유전(전통)을 맹목적으로 지켰습니다. 그들은 손을 씻는 일에 열심이었습니다. 음식 그릇을 씻지 않고는 먹지를 않았습니다. 그리고 이 같은 결례를 행하지 않는 예수님의 제자들을 책망했습니다. 하지만 예수님은 이 같은 바리새인들을 위선자라고 책망하셨습니다. 입술로는 하나님을 존경하지만 마음은 멀다 하시며 이사야 29장 13절을 통해서 그들의 위선적인 행동을 지적하셨습니다. 그들은 결국 사람들이 만든 계명은 잘 지켰으나 실제로 하나님의 말씀은 버린 것입니다(8, 9). 그 한 예가 '고르반 제도'를 악용하여 부모를 섬기지 않은 것입니다.

신앙생활은 형식만으로 되지 않습니다. 형식 속에 내용이 담겨야 의미가 있습니다. 행위와 함께 마음이 변화되어야 합니다. 마음이 변화되지 않은 상태에서의 행위는 예수님을 더욱 피곤하게 하고 괴롭게 합니다. 요즘 많은 신자들이 주일날 잠깐 교회에 나가서 예배를 드림으로 주일을 지켰다고 생각합니다. 주일 예배에 참석하는 것은 물론이고 신령과 진정으로 예배를 드려야 합니다. 그리고 예수님 안에서 진실로 위로함 받으며 사랑을 실천할 수 있어야 합니다. 뿐만 아니라 예배 참석, 헌금이 신앙 생활의 전부가 아닙니다. 회개함으로 죄 사함의 은혜를 덧입고 성령 충만한 생활을 해야 합니다. 예수님의 사랑을 배우고 실천하며 열매를 맺는 것입니다. 입술보다는 마음으로 신앙생활을 해야 합니다. 사람의 마음에서 나오는 악한 생각 곧 음란, 도적질, 살인, 간음, 탐욕, 악독, 속임, 음탕, 질투, 비방, 교만, 우매함 등을 성령의 능력으로 싸워야 합니다(21, 22, 23).

11과

베드로의 고백

● **마가복음 8:22-38(29)**

또 물으시되 너희는 나를 누구라 하느냐 베드로가 대답
하여 이르되 주는 그리스도시니이다 하매

'고백'의 사전적 의미는 '마음속에 생각하고 있는 것이
나 감추어 둔 것을 사실대로 숨김없이 말하는 것'입니다.
우리는 인생을 살아가면서 여러 가지 고백을 합니다. 사랑
하는 사람에게 '사랑한다'고 고백하거나, 갈등의 관계에 있
는 사람에게 솔직한 심정을 고백함으로 관계를 새롭게 하
기도 합니다. 이처럼, 우리가 무엇을 고백한다는 것은 우리
의 인생에 새로운 전환점이 되는 중요한 의미를 가지고 있
습니다.

그런데 우리의 인생에 있어서 가장 중요한 고백은 무엇일
까요? 그것은 바로 '신앙고백'입니다. 내가 무엇을 믿는지,
또한 어떻게 믿는지, 올바로 깨닫고 고백할 때 그 사람의 인
생은 새로워지게 됩니다. 그러한 '신앙고백'은 이 세상뿐
아니라 영원을 결정짓는 엄청난 고백이 됩니다.

오늘 말씀을 통해 우리가 어떤 고백을 하나님과 사람 앞
에서 해야 할지 진지하게 생각해 볼 수 있길 원합니다.

1. 벳새다에서 예수님은 두 단계의 과정을 통하여 맹인을 고쳐주십니다. 예수님은 맹인을 어떻게 고치십니까 (22~25)? 예수님께서 그 사람에게 마을에 들어가지 말라고 하신 이유는 무엇입니까(26, 30; 마 8:4)?

* 벳새다(22): 갈릴리 호수 북쪽에 위치한 작은 성읍. 예수님께서 오병이어를 베푸신 곳. 많은 이적에도 불구하고 회개하지 않아 책망을 받아 저주받은 성읍이 됨(마 11:20~22).

2. 가이사랴 빌립보에서 예수님은 제자들에게 두 단계의 질문을 던집니다. 첫 번째 질문이 무엇이며, 제자들의 답변은 무엇입니까(27~28)? 제자들의 답변과 이 시대 사람들의 예수님에 대한 생각을 비교해보고 나누어보시오.

* 가이사랴 빌립보(27): 갈릴리 호수에서 북쪽 약 40km에 위치한 헐몬산 기슭에 위치함. 바알신전과 그리스신 판(Pan) 신전이 있었고, 분봉왕 헤롯빌립이 로마 황제 카이사르(Caesar)와 자신의 이름을 따서 명명한 성읍.

ESV

22 And they came to Bethsaida. And some people brought to him a blind man and begged him to touch him. 23 And he took the blind man by the hand and led him out of the village, and when he had spit on his eyes and laid his hands on him, he asked him, "Do you see anything?" 24 And he looked up and said, "I see men, but they look like trees, walking." 25 Then Jesus laid his hands on his eyes again; and he opened his eyes, his sight was restored, and he saw everything clearly. 26 And he sent him to his home, saying, "Do not even enter the village." 27 And Jesus went on with his disciples to the villages of Caesarea Philippi. And on the way he asked his disciples, "Who do people say that I am?" 28 And they told him, "John the Baptist; and others say, Elijah; and others, one of the prophets."

3. 제자들의 답변을 들은 예수님은 두 번째 질문을 합니다. 두 번째 질문이 무엇이며, 베드로의 고백은 무엇입니까(29)? 베드로의 고백은 어떤 의미가 있습니까? 베드로의 답변을 들으신 예수님께서 하신 말씀이 무엇입니까(30)? 예수님께서 제자들에게 경고하시는 이유를 생각해봅시다.

_____

_____

_____

_____

_____

_____

4. 베드로의 고백을 들으신 예수님은 이제 제자들에게 사역의 본질에 대해 말씀하십니다. 예수님이 제자들에게 가르치신 말씀이 무엇입니까(31)? 왜 이러한 사역이 필요한 것입니까? 이러한 주님의 사역이 당신과 어떤 관계가 있습니까?

5. 예수님 사역의 본질에 대한 가르침에 베드로는 어떻게 반응하며, 왜 예수님이 베드로를 책망하십니까 (32~33; 마 4:8~9)? 베드로가 사탄이라고 예수님의 책망을 받게 된 이유를 생각해보시오(빌 3:18~19).

6. 예수님은 주님을 따르는 제자의 길에 대하여 어떻게 말씀하십니까(34)? 예수님을 따르는 제자들이 소유한 '생명'의 가치와 그것을 지키는 방법이 무엇입니까(35~38)? 여기서 강조되는 '자기를 부인한다' '자기 십자가를 진다' '주님을 따른다'의 의미를 생각해보시오.

ESV

32 And he said this plainly. And Peter took him aside and began to rebuke him.
33 But turning and seeing his disciples, he rebuked Peter and said, "Get behind me, Satan! For you are not setting your mind on the things of God, but on the things of man."
34 And calling the crowd to him with his disciples, he said to them, "If anyone would come after me, let him deny himself and take up his cross and follow me.
35 For whoever would save his life will lose it, but whoever loses his life for my sake and the gospel's will save it.
36 For what does it profit a man to gain the whole world and forfeit his soul?
37 For what can a man give in return for his soul?
38 For whoever is ashamed of me and of my words in this adulterous and sinful generation, of him will the Son of Man also be ashamed when he comes in the glory of his Father with the holy angels."

1. 예수님을 따르는 자들은 영적 깨달음이 필요합니다. 본문의 맹인과 제자들은 단계별로 눈을 뜨는 과정을 보여줍니다. 당신이 보는 예수님은 누구입니까? 예수님에 대한 당신의 고백은 무엇입니까?

_____

_____

_____

2. 예수님을 따른다는 것은 예수님의 제자가 된다는 의미입니다. 당신이 주님의 제자로서 감당해야 할 '자기 부인' '자기 십자가' '주님 따름' 은 구체적으로 무엇입니까?

_____

_____

_____

 함께 기도합시다

주는 그리스도시니이다

똑같은 사물이나 어떤 존재를 보고도 다르게 이해하고 해석하는 경우가 많습니다. 예수님에 대해서도 마찬가지입니다. 오늘 빌립보 가이사랴에 제자들과 함께 가신 예수님은 '사람들이 나를 누구라고 하느냐?' 라고 물어보십니다. 그러자 제자들은 사람들이 이해하고 해석하는 예수님에 대해 이런저런 이야기를 합니다. 그 이야기를 듣고 계시던 예수님이 다시 물으십니다. 그렇다면 '너희는 나를 누구라 하느냐?' 예수님을 가까이에서 따르고, 그 예수님을 배웠던 제자들을 향해 주님은 그들이 이해하고 해석하는 예수님에 대해 물으십니다. 그러자 베드로는 '주는 그리스도시니이다' 라고 대답합니다.

'그리스도' (헬라어)는 '메시아' (히브리어)를 번역한 말로, "기름부음 받은 자" 라는 의미가 있습니다. 예수님 당시에 '그리스도(메시아)' 는 그의 백성을 구원하고 의로운 왕국을 건설하기 위해 하나님에 의해 기름부음 받고 능력을 부여받은 왕을 가리키는 말이었습니다(단 9:25~26). 즉, 베드로와 제자들이 예수님을 '그리스도' 라고 고백한 것은 바로 예수님이 하나님 나라의 왕이시고, 우리의 구원자이시고, 통치자가 되신다는 것을 의미합니다.

당신에게 있어서 예수님은 어떤 분이십니까?

그저 4대 성인이나, 내 인생에 어떤 도움을 주는 정도의 수호신 정도로 여기지는 않습니까? 아니면 자신의 인생에 구주(Savior)와 주님(Lord)으로 믿고 고백합니까? 예수님을 소개하고 가르치는 성경을 잘 배우고, 성령님의 인도하심을 잘 받아서 예수님을 인격적으로 만나고, 참된 '신앙고백' 을 하는 복된 삶이 되기를 바랍니다.

마가복음

섬기러 오신 예수 그리스도

2부

예루살렘으로 올라가심

12과

능력 있는 그리스도인의 삶

● **마가복음 9:14-29(29)**

이르시되 기도 외에 다른 것으로는 이런 종류가 나갈 수 없느니라 하시니라

오늘 말씀은 그리스도인의 삶에서 영적 무능력의 원인과 그 해결책을 가르쳐 줍니다. 예수님께서 높은 산에서 영광스러운 모습으로 변형되셔서 세 제자에게 그 영광을 보여주고 계시는 동안에, 산 아래에 남아있던 아홉 제자들은 귀신들린 사람의 문제를 해결해주지 못하고 철저한 영적 무능력과 실패를 맛보고 있었습니다. 그 무능력에 대해 조롱까지 받았습니다. 이 모습은 우리의 신앙생활을 그대로 보여주는 듯합니다. 우리는 수양회나 성경학교 등을 통해서 말씀을 듣고 하나님의 영광을 경험하며 용기백배하였다가도 일상생활로 돌아오면 제자들처럼 영적 무능력과 실패를 경험하는 경우가 있습니다. 내적인 변화가 적고 자주 죄에 넘어질 때, 현실의 어려운 문제들을 만나 두렵고 낙심이 될 때, 전도하거나 영혼을 돕는 일에 있어서 무능력과 실패를 맛볼 때가 그런 경우일 것입니다. 이런 영적 무능력과 실패의 원인이 무엇입니까? 오늘 말씀을 통해서 그 원인과 해결책을 발견하고 능력 있는 그리스도인의 삶을 사는 출발점이 되시기를 바랍니다.

1. 산 밑에 있는 제자들에게 무슨 일이 있었습니까(14-
   18)? 제자들과 서기관들이 변론하는 내용이 무엇이었을
   까요?

2. 제자들이 무기력한 가운데 서기관들과 변론할 때의 심
   정이 어떠했으리라 생각하십니까? 제자들처럼 무기력,
   무능력, 영적 침체를 경험한 적이 있습니까?

ESV

14 And when they came to the disciples, they saw a great crowd around them, and scribes arguing with them.
15 And immediately all the crowd, when they saw him, were greatly amazed and ran up to him and greeted him.
16 And he asked them, "What are you arguing about with them?"
17 And someone from the crowd answered him, "Teacher, I brought my son to you, for he has a spirit that makes him mute.
18 And whenever it seizes him, it throws him down, and he foams and grinds his teeth and becomes rigid. So I asked your disciples to cast it out, and they were not able."

3. 예수님은 무엇을 책망하십니까(19)? 제자들의 영적 침체와 무능력의 첫째 원인은 불신앙이었습니다. 제자들은 하나님을 의지하는 대신 무엇을 의지했을까요(막 6:7, 13)?

4. 귀신들린 아들의 상태가 어떠하며, 그를 고쳐주기 전에 예수님은 그의 아버지의 믿음을 어떻게 도우십니까 (20-24)?

19 And he answered them, "O faithless generation, how long am I to be with you? How long am I to bear with you? Bring him to me."

20 And they brought the boy to him. And when the spirit saw him, immediately it convulsed the boy, and he fell on the ground and rolled about, foaming at the mouth.

21 And Jesus asked his father, "How long has this been happening to him?" And he said, "From childhood.

22 And it has often cast him into fire and into water, to destroy him. But if you can do anything, have compassion on us and help us."

23 And Jesus said to him, "'If you can'! All things are possible for one who believes."

24 Immediately the father of the child cried out and said, "I believe; help my unbelief!"

5. 예수님께서 그 아이를 어떻게 고쳐주십니까(25-27)? 제자들의 문제가 무엇입니까(28, 29)? 기도생활을 하지 않는 것이 왜 영적 침체와 무능력한 삶을 가져온다고 생각하십니까?

ESV

25 And when Jesus saw that a crowd came running together, he rebuked the unclean spirit, saying to it, "You mute and deaf spirit, I command you, come out of him and never enter him again."

26 And after crying out and convulsing him terribly, it came out, and the boy was like a corpse, so that most of them said, "He is dead."

27 But Jesus took him by the hand and lifted him up, and he arose.

28 And when he had entered the house, his disciples asked him privately, "Why could we not cast it out?"

29 And he said to them, "This kind cannot be driven out by anything but prayer."

1. 예수님은 사람들의 믿음 없음을 가장 안타까워하시며, 그들의 불신앙을 책망하셨습니다. 예수님께서 지금 이 자리에 계시다면, 당신의 어떤 불신앙의 모습에 안타까워 하실까요?

2. 예수님은 영적침체와 무능력의 원인이 기도하지 않기 때문이라 말씀하셨습니다. 당신은 기도생활을 어떻게 하고 있는지, 그리고 앞으로 어떤 기도생활을 하고 싶은지 결심을 나누어 보십시오.

함께 기도합시다

믿음과 기도 외에는

제자들의 무능력에 대한 예수님의 진단은 믿음 없음과 기도하지 않음이었습니다. 예수님의 진단에서 우리는 무능력과 실패의 원인뿐 아니라, 능력 있는 그리스도인의 삶의 비밀을 배울 수 있습니다.

능력 있는 삶을 살려면 첫째, '믿음'이 있어야 합니다. 귀신들린 아들을 둔 아버지가 아들을 고쳐달라고 제자들에게 데려왔으나 그들이 고치지 못한 것은 믿음이 없었기 때문입니다. 제자들은 과거에 귀신을 내쫓았던 경험만 의지했지, 믿음으로 이 문제를 다루지 못했습니다. 믿음이란 주님을 의지하는 것입니다. '믿는 자에겐 능히 하지 못할 일이 없습니다.' 믿음의 질이 뛰어나야 큰 능력이 나타나는 것이 아니라, 주님의 권능이 크기 때문에 믿음으로 주님을 의지하면 큰 능력을 덧입게 되는 것입니다. 기적은 사람의 믿음의 정도에 달려 있지 않고, 자신을 예수님의 사역에 효과적으로 연결시킬 만한 믿음을 가지고 있는 지에 달려 있다는 것입니다 (IVP 마가복음 강해). 그러므로 우리는 낙심하였던 문제들을 다시 믿음으로 바라볼 수 있어야겠습니다. 주님께는 능치 못할 일이 없음을 믿음으로 고백하시기 바랍니다.

둘째, '기도할 때' 능력 있는 삶을 살 수 있습니다. 귀신을 쫓아내지 못한 제자들에게 주님은 "기도 외에 다른 것으로는 이런 종류가 나갈 수 없느니라."고 하셨습니다. 능력 있는 삶의 비밀은 '기도'입니다. 기도는 주님을 의지한다는 표현입니다. 우리는 믿음으로 기도해야 합니다. 인내하며 성실하게 꾸준히 시간을 정하여 기도해야합니다. 매일같이 기도에 힘쓰는 사람은 귀신을 쫓아내는 예수님처럼 능력 있는 삶을 살게 됩니다.

13과

성경적인 결혼관

● **마가복음 10:1-12(7-9)**

이러므로 사람이 그 부모를 떠나서 그 둘이 한 몸이 될 지니라 이러한즉 이제 둘이 아니요 한 몸이니 그러므로 하 나님이 짝지어 주신 것을 사람이 나누지 못할지니라 하시 더라

현재 우리나라의 이혼율은 매우 높습니다. 이혼은 당사자 와 자녀들에게 큰 상처와 아픔을 가져다줍니다. 사회의 기본 단위는 가정이고, 가정의 기본 단위는 부부인데, 급증하는 이혼은 사회 전체를 위험에 빠뜨리게 될 것입니다. 이런 비극 을 어떻게 막을 수 있을까요? 그것은 성경적인 결혼관을 회 복하는 것입니다.

결혼은 사람들이 서로의 필요에 의해서 만들어낸 제도가 아닙니다. 하나님께서 창조시에 계획하시고 만들어주신 신적 제도입니다. 그러므로 결혼에 깃든 하나님의 의도와 목적을 이해해야 결혼생활을 잘 할 수 있습니다. 하나님께서 남자와 여자를 다르게 창조하셨고, 사람마다 기질과 성격을 다르게 만드셨습니다. 그런데 사람들은 자기와 다른 성격을 가진 이 성에 매력을 느낀다고 하니, 서로 달라서 결혼한 부부가 결혼 후에 갈등을 겪는 것은 어쩌면 당연한 일입니다. 결혼에 대한 하나님의 뜻을 잘 이해하고 순종하면 가정을 천국으로 만들 수 있겠지만, 그렇지 않으면 지옥이 되고 말 것입니다.

오늘 말씀에서는 바리새인들이 이혼에 관한 논쟁을 이용 해 예수님을 곤경에 빠뜨리려하였습니다. 그러나 예수님은 이 런 기회를 통해 결혼에 대한 하나님의 진정한 의도를 드러내 십니다. 오늘 말씀을 통해 '첫째, 성경적인 결혼관이 무엇인 가? 둘째, 건강한 가정을 이루고 성경적인 결혼 생활을 하기 위해 청년 시절에 준비해야 할 것은 무엇인가?' 를 깨닫고 적 용하는 시간이 되기를 바랍니다.

말씀의 자리

1. 예수님께서 어디에서 무엇을 하셨습니까? 그때에 무리
   들의 반응은 어떠했습니까(1)?

* 유대 지경과 요단강 건너편: 베뢰아 지방을 가리킴.

2. 바리새인들이 예수님께 무슨 질문으로 시험합니까(2)?
   이 질문이 어떤 점에서 시험이 됩니까?

* 아내를 버리는 것(2): 당시 바리새인들은 신 24:1-2의 해석에서 대립되는 논쟁
  을 계속하였음. 보수적인 삼마이파는 '수치되는 일'을 간음으로 보고 간음한
  이유 외에는 이혼을 못한다고 하였고, 진보적인 힐렐파는 무슨 조건이든(가령,
  아내가 밥을 태웠을 때) 이혼이 가능하다고 하였음.(이상근 주석)

ESV

1 And he left there and went to the region of Judea and beyond the Jordan, and crowds gathered to him again. And again, as was his custom, he taught them.
2 And Pharisees came up and in order to test him asked, "Is it lawful for a man to divorce his wife?"

3. 예수님은 대답하기 곤란한 질문에 현명하게 대답하십니다. 모세의 율법에 이혼에 관하여 어떻게 기록되어 있습니까(3, 4; 신 24:1-4)? 예수님은 모세의 율법에 이혼을 허락한 이유가 무엇이라고 말씀하십니까(5)?

ESV

3 He answered them, "What did Moses command you?"
4 They said, "Moses allowed a man to write a certificate of divorce and to send her away."
5 And Jesus said to them, "Because of your hardness of heart he wrote you this commandment.
6 But from the beginning of creation, 'God made them male and female.'
7 'Therefore a man shall leave his father and mother and hold fast to his wife,
8 and the two shall become one flesh.' So they are no longer two but one flesh.

4. 예수님은 창세기로 돌아가서 결혼에 깃든 하나님의 원래 의도를 설명하십니다. 결혼한 부부가 추구해야 할 이상적인 모습은 어떤 것입니까(6-8; 창 2:24)?

* 부모를 떠나: 남편이나 아내가 각각 부모로부터 정서적, 경제적으로 독립해야함.
* 아내와 합하여: 접착제로 종이를 붙일 때 사이에 불순물이 없어야 하는 것처럼. 부부는 자녀나 일 취미 등 그 어떤 것도 배우자보다 더 우선순위에 두는 것이 없어야 함.
* 둘이 한 몸을 이룰지로다: 성적인 결합뿐 아니라, 둘이 한 몸이 되었다고 할 수 있을 만큼 정신적으로 영적으로 하나 되어야함.

5. 이혼에 대한 예수님의 결론은 무엇입니까(9–12)? 이혼의 위기를 겪는 부부들이 많습니다. 그러나 하나님의 말씀에 순종하여, 결혼하는 순간부터 '이혼 절대 불가' 의 원칙을 정해놓고 하나님께서 의도하신 부부가 되려고 노력하며 기도한다면 그런 위기도 잘 극복할 수 있을 것입니다. 당신은 이러한 원칙을 갖고 있습니까?

ESV

9 What therefore God has joined together, let not man separate."
10 And in the house the disciples asked him again about this matter.
11 And he said to them, "Whoever divorces his wife and marries another commits adultery against her,
12 and if she divorces her husband and marries another, she commits adultery."

1. 올바른 결혼관은 어떤 것입니까? 결혼제도에 두신 하나님의 의도를 생각할 때, 이상 적인 결혼생활을 위해서 당신이 청년시절에 준비해야 할 점은 무엇인지 생각하고 나 누어 보십시오.

2. 이혼에 대한 자세는 어떠해야 합니까? 이혼할 때, 당사자나 자녀들이 받는 상처와 고통이 어떠합니까?

함께 기도합시다

둘이 아니요 한 몸이니

결혼은 하나님께서 만들어주신 신적 제도입니다. 그런데 사람들은 자기의 생각이나 감정, 필요에 따라 마음대로 결혼하고 또 이혼하기도 합니다. 그래서 결국, 많은 가정들이 깨어지고 상처와 아픔을 겪고 있으며 지옥을 살고 있습니다. 그러나 하나님께서는 부부가 하나됨으로 가장 친밀한 인간관계를 경험하며 행복을 누리게 하셨고, 함께 동역하며 하나님께서 주신 사명을 감당하는 축복을 주셨습니다. 이런 복된 결혼생활을 하기 위해서는 어떻게 해야 합니까?

첫째, 성경적인 결혼관을 정립해야 합니다. 결혼은 하나님께서 제정하신 거룩한 제도입니다. 부부는 하나님께서 짝지어 주신 것이므로, 하나님의 허락 없이 인간 스스로 갈라서서는 안 됩니다. 신중하게 배우자를 선택하여 결혼해야 하며, 이혼이 불가하다는 분명한 원칙을 갖고 가정생활에서 부딪치는 문제들을 해결해 나가야 합니다.

둘째, 청년의 때에 신앙과 인격을 잘 훈련하고 준비해야 합니다. 결혼에 대한 하나님의 뜻은 두 사람이 한 몸이 되는 친밀한 연합과 하나님께서 맡겨주신 사명을 감당하는데 있습니다. 이러한 연합은 두 사람이 서로에게만 관심을 가진다고 해서 이루어지지 않습니다. 오히려 각자가 하나님을 알아가고 하나님과 연합될수록 부부는 서로 가까워지고 하나가 될 수 있습니다. 그러므로 청년의 때에 하나님을 아는 일에 힘써야 합니다. 또한 두 사람이 하나 되려면 서로의 인격이 성숙해져야 합니다. 예수님을 닮아가는 것이 행복한 결혼에 대한 최선의 준비가 될 것입니다.

14과

영생을 얻으려면

● **마가복음 10:17-31(21)**

예수께서 그를 보시고 사랑하사 이르시되 네게 아직도 한 가지 부족한 것이 있으니 가서 네게 있는 것을 다 팔아 가난한 자들에게 주라 그리하면 하늘에서 보화가 네게 있으리라 그리고 와서 나를 따르라 하시니

한 부자 청년이 예수님께 나아왔습니다. 그리고 어떻게 하면 영생을 얻을 수 있는지 진지하고 겸손한 태도로 물었습니다. 그는 모든 사람이 칭찬하고 부러워할 만한 조건들을 두루 갖춘, 요즘 말로 '엄친아' 였습니다. 그는 젊은 날에 관원이 되었고, 부자였으며, 율법을 철저히 지키며 도덕적으로나 종교적으로나 훌륭한 삶을 살았습니다. 주변 사람들은 아마 그가 영생을 얻을 영순위에 있는 사람이라고 생각했을 것입니다. 그 자신도 아마 그런 기대를 가지고 있었을 것 같습니다. 그런데 예수님과의 대화를 마치고 그는 영생의 확신으로 기뻐하는 것이 아니라, 근심하며 돌아가는 것을 볼 수 있습니다. 무엇이 문제였을까요? 오늘 말씀을 잘 배워서 당신은 꼭 영생을 얻으시길 바랍니다.

1. 예수님에게 어떤 사람이 찾아왔으며, 무엇을 여쭤보았습니까(17; 마 19:22; 눅 18:18)? 이 사람은 자기가 어려서부터 어떠한 삶을 살아왔다고 자부하고 있습니까(18-20)?

2. 영생의 길을 묻는 청년에게 예수님은 왜 십계명을 말씀하셨을까요? 사람이 십계명을 지키는 행위로 구원을 받고 영생을 얻을 수 있습니까? 그렇다면 예수님께서 그에게 무엇을 깨우치기 원하셨을까요?

ESV

17 And as he was setting out on his journey, a man ran up and knelt before him and asked him, "Good Teacher, what must I do to inherit eternal life?"

18 And Jesus said to him, "Why do you call me good? No one is good except God alone.

19 You know the commandments: 'Do not murder, Do not commit adultery, Do not steal, Do not bear false witness, Do not defraud, Honor your father and mother.'"

3. 예수님은 영생을 얻고자 하는 이 청년에게 무엇을 요구하시며(21), 이에 대한 청년의 반응은 어떠했습니까(22)? 이 청년이 가장 사랑한 것은 결국 무엇이었습니까?

4. 부자가 하나님 나라에 들어가기가 얼마나 어렵습니까(23-25)? 이 말씀을 듣고 제자들이 놀란 이유는 무엇입니까(26)? 놀라는 제자들에게 구원이 하나님의 은혜로 주어지는 것임을 어떻게 말씀하십니까(27)?

ESV

21 And Jesus, looking at him, loved him, and said to him, "You lack one thing: go, sell all that you have and give to the poor, and you will have treasure in heaven; and come, follow me."

22 Disheartened by the saying, he went away sorrowful, for he had great possessions.

23 And Jesus looked around and said to his disciples, "How difficult it will be for those who have wealth to enter the kingdom of God!"

24 And the disciples were amazed at his words. But Jesus said to them again, "Children, how difficult it is to enter the kingdom of God!

25 It is easier for a camel to go through the eye of a needle than for a rich person to enter the kingdom of God."

26 And they were exceedingly astonished, and said to him, "Then who can be saved?"

27 Jesus looked at them and said, "With man it is impossible, but not with God. For all things are possible with God."

5. 베드로는 예수님을 어떤 자세로 따랐다고 자부합니까 (28)? 예수님과 복음을 위하여 모든 것을 버린 자는 어떤 축복이 약속되어 있습니까(29, 30)? 모든 것을 버리고 주를 따랐다는 베드로에게 예수님은 어떤 경계의 말씀을 하십니까(31)? 헌신적으로 예수님을 따르는 사람들이 주의해야 할 것은 어떤 점입니까?

ESV

28 Peter began to say to him, "See, we have left everything and followed you."
29 Jesus said, "Truly, I say to you, there is no one who has left house or brothers or sisters or mother or father or children or lands, for my sake and for the gospel,
30 who will not receive a hundredfold now in this time, houses and brothers and sisters and mothers and children and lands, with persecutions, and in the age to come eternal life.
31 But many who are first will be last, and the last first."

1. 예수님이 나를 위해 십자가에 못 박혀 죽고 부활하셨다는 것을 지적으로 동의만 하면 구원을 받는 것이 아닙니다. 구원을 위해 오직 예수님만을 의지해야할 뿐 아니라 삶의 중심을 예수님에게로 옮기는 것이 구원받고 영생을 얻은 사람의 참된 모습입니다. 예수님은 당신의 전부를 우리에게 주셨고 우리도 전심으로 주님을 따르길 원하십니다. 당신에게 아직도 한 가지 부족한 것 , 예수님을 따르기 위해 버려야 할 것이 있다면 무엇인지 나누어 보십시오.

_____

_____

_____

2. 당신이 예수님과 복음을 위하여 손해보고 버린 것이 있다면 무엇인지 나누어 보십시오. 그리고 그에 대한 주님의 상급은 무엇이었습니까? 혹은 앞으로 어떤 상급을 기대하고 있습니까?

_____

_____

_____

함께 기도합시다

_____

_____

_____

_____

_____

_____

_____

네게 아직도 한 가지 부족한 것이 있으니

부자 청년은 나름대로 율법을 지키고 선하게 살려고 최선을 다한 사람입니다. 그러나 그는 영생을 확신할 수 없었습니다. 자신에게 하나님의 생명이 없음을 스스로 알고 있었던 것입니다. 그의 문제점은 율법을 지킨다고는 했지만, 외적으로 나타나는 행동 수준에서 율법에 저촉되지 않는 삶을 가까스로 산 것 뿐입니다. 진정으로 율법의 정신을 지키려고 했다면 그는 자신의 부족함과 죄인 됨을 발견했을 것입니다. 오직 하나님의 은혜만이 소망이 됨을 고백했을 것입니다. 그러나 그는 여전히 자신이 무엇을 더 행함으로 영생을 얻고자 합니다. 실제로 그의 모든 삶의 중심은 물질이었습니다. 그는 하나님보다 영생보다, 물질을 더 큰 가치로 여기고 사랑했습니다. 그러므로 그는 영생과는 거리가 먼 인생을 살아가고 있는 것입니다. 소유를 다 팔아 가난한 자에게 주라는 주님의 말씀에 그는 슬픈 기색을 띠고 근심하며 돌아갈 수밖에 없었습니다. 예수님은 마음의 중심을 보시는 분입니다. 누구든지 예수님을 마음 중심에 모시고 영접하는 자는 영생을 얻게 됩니다.

영생을 얻은 사람은 죄용서의 십자가를 영접하고 어린아이와 같이 단순하게 예수님에게 최고의 가치를 두고 살게 됩니다. 자신의 성공, 유익, 즐거움을 위해 사는 것을 중단하고 예수님과 복음을 위하여 살게 됩니다. 예수님이 자신의 전부인 것을 알기 때문에 세상 모든 것, 심지어 부모나 자식에게 까지도 상대적 가치를 둡니다. 사랑하는 형제 자매 여러분! 예수님을 구주와 주님으로 영접하여 영생을 얻으시기 바랍니다. 또한 예수님을 중심으로 살고, 예수님과 복음을 위하여 삶으로 영생을 누리시기 바랍니다.

섬기러 오신 예수님

● 마가복음 10:32-45(45)

인자가 온 것은 섬김을 받으려 함이 아니라 도리어 섬기려 하고 자기 목숨을 많은 사람의 대속물로 주려 함이니라

이 세상은 약육강식의 정글 법칙이 그대로 적용되는 것처럼 보입니다. 그래서 사람들은 할 수 있으면 높아지고 지배하며, 섬김을 받는 위치에 올라가고 싶어 합니다. 모든 에너지와 시간을 투자하여 할 수만 있으면 높아지고자 합니다. 그래서 섬김 받는 위치에 올라가면 그것을 성공이라 부릅니다. 그런데 예수님은 세상 사람들과 정반대의 삶을 사셨습니다. 하나님의 아들이요 왕이신 그분께서 많은 사람을 구원하시려고 일평생 섬기셨습니다. 끝내는 자기 목숨을 대속물로 주기까지 하셨습니다. 하나님 나라의 새로운 질서를 세상에 가져오시고, 그를 따라 섬기는 삶을 사는 사람들을 통해서 세상을 변화시키기 시작하셨습니다. 억누르고 빼앗고 싸우는 세상에 참된 평화와 사랑과 생명을 가져오는 것은 '섬김' 입니다. 하나님 나라의 질서는 이 세상의 질서와는 다릅니다. 하나님 나라에서는 다른 사람을 섬기면 섬길수록 더욱 큰 자가 됩니다. 예수님은 이제 우리들에게 예수님처럼 '섬기는 자가 되라' 고 부르고 계십니다.

오늘 말씀을 통해 예수님은 어떤 섬김의 삶을 사셨는지, 그리고 이제 예수님께서 당신을 어떤 삶으로 부르고 계신지를 좀 더 구체적으로 배워봅시다.

ESV

1. 예수님께서 예루살렘으로 올라가시던 광경이 어떠했습니까(32)? 예수님의 표정과 자세가 어떠 했길래 따르는 자들이 놀라고 두려워했을까요(눅 9:51 참조)? 예수님은 열두 제자에게 자신이 당할 일에 대해서 뭐라고 말씀하셨습니까(33, 34)?

2. 야고보와 요한이 예수님께 무슨 청탁을 했으며, 예수님은 어떻게 답변하셨습니까(25-37, 38-40)? 두 제자의 긴밀한 청탁을 듣고 있던 열 제자들은 어떤 반응을 보였습니까(41)? 왜 그랬을까요? 제자들의 진짜 관심은 어디에 있습니까?

32 And they were on the road, going up to Jerusalem, and Jesus was walking ahead of them. And they were amazed, and those who followed were afraid. And taking the twelve again, he began to tell them what was to happen to him,
33 saying, "See, we are going up to Jerusalem, and the Son of Man will be delivered over to the chief priests and the scribes, and they will condemn him to death and deliver him over to the Gentiles.
34 And they will mock him and spit on him, and flog him and kill him. And after three days he will rise."
35 And James and John, the sons of Zebedee, came up to him and said to him, "Teacher, we want you to do for us whatever we ask of you."
36 And he said to them, "What do you want me to do for you?"
37 And they said to him, "Grant us to sit, one at your right hand and one at your left, in your glory."
38 Jesus said to them, "You do not know what you are asking. Are you able to drink the cup that I drink, or to be baptized with the baptism with which I am baptized?"
39 And they said to him, "We are able." And Jesus said to them, "The cup that I drink you will drink, and with the baptism with which I am baptized, you will be baptized,
40 but to sit at my right hand or at my left is not mine to grant, but it is for those for whom it has been prepared."
41 And when the ten heard it, they began to be indignant at James and John.

3. 세상에서는 높은 권세를 가진 사람이 어떻게 행동합니까(42)? 예수님을 닮아 가야할 제자들이 누구를 닮아 가고 있습니까?

_____

_____

_____

_____

_____

_____

ESV

42 And Jesus called them to him and said to them, "You know that those who are considered rulers of the Gentiles lord it over them, and their great ones exercise authority over them.

43 But it shall not be so among you. But whoever would be great among you must be your servant,

44 and whoever would be first among you must be slave of all.

45 For even the Son of Man came not to be served but to serve, and to give his life as a ransom for many."

4. 예수님은 제자들에게 무엇을 가르치십니까(43-45)? 예수님을 믿고 따르는 제자는 세상 사람들과 어떻게 달라야 합니까? 예수님은 어떻게 섬기는 삶의 본을 보여주셨습니까(45)?

_____

_____

_____

_____

_____

_____

_____

5. 막 10:45은 예수님의 생애를 요약한 말씀입니다. 다음
   의 참고구절들을 찾아보고 질문에 답하면서 그 의미
   를 묵상해보시기 바랍니다. 예수님은 하나님의 아들
   이시지만 사람으로 오셔서, 누구를 어떻게 섬기셨습니
   까(1:40, 41; 2:15; 3:7-11; 5:7-8; 6:33, 34; 빌 2:5-
   8)? 예수님께서 십자가에 죽으시는 섬김을 통하여 해
   결하고자 하신 근본적인 문제가 무엇입니까(10:45; 사
   53:4-6; 벧전 2:24, 25)?

1. 예수님은 섬기는 자가 큰 자라고 말씀하십니다. 성숙한 사람은 섬길 줄 압니다. 섬기는 사람이 있어야만 공동체가 세워지고 영혼들이 변화됩니다. 그런데 제자들은 아직도 자기가 높아지고 섬김을 받는데 온통 관심이 집중되어 있습니다. 가정이나 학교, 신앙공동체에서 당신의 모습은 어떠한지 나누어 보십시오.

2. 예수님은 죄인들을 구원하기 위해 자기 목숨을 대속물로 내어주시는 섬김의 삶을 사셨습니다. 그리고 우리를 당신의 제자로 부르셨습니다. 제자의 삶은 예수님처럼 섬기는 삶을 사는 것입니다. '섬기는 자가 되라' 는 주님의 말씀에 비추어 볼 때, 당신의 인생 목표가 어떻게 바뀌어야겠습니까?

함께 기도합시다

섬기는 자가 되라

예수님의 일생은 섬기는 삶이었습니다. 수많은 사람들의 질병을 고치셨고 제자들을 불러 그들을 시대의 목자로 키우셨습니다. 문둥병자, 귀신 들린 자, 중풍병자 같은 절망적인 사람들이 모두 예수님 앞에 새 사람이 되었습니다. 예수님을 따르면서도 철저한 이기심과 세속적인 욕심을 따르며 갈등하던 열두 제자를 끝까지 인내하며 섬기셨고, 그들을 위대한 사도로 키우셨습니다. 이뿐 아니라, 예수님의 가장 큰 섬김은 마침내 골고다 언덕에서 자기 목숨을 대속물로 드리신 것입니다. 예수님의 섬기심으로 우리는 죄에서 해방되었고 평화를 누리게 되었습니다.

그리고 예수님은 우리를 섬기는 제자의 삶으로 부르십니다. 세상을 구속하기 위해 겸손히 섬기면서, 자기를 부인하고, 자기 목숨을 걸며, 자기를 주는 제자로 살라고 부르시는 것입니다. 그런데 오늘날 수많은 그리스도인들은 사회에서 안정된 지위를 얻으려고만 하고 세상과 다른 사람을 섬기는 일에는 관심이 없습니다. 너무나 가슴 아픈 일입니다. 제자인 우리들이 섬기는 삶을 살 때, 이 땅에 하나님의 뜻이 이루어질 수 있습니다. '섬기는 자가 되라'는 주님의 부르심에 응답할 수 있기를 바랍니다.

16과

나귀새끼를 타신 예수님

● **마가복음 11:1-11(7)**

나귀 새끼를 예수께로 끌고 와서 자기들의 겉옷을 그
위에 얹어 놓으매 예수께서 타시니

예수님께서 인류 구속의 사명을 성취하기 위하여 예루살
렘에 입성하십니다. 11장부터 16장까지는 예수님의 공생애
마지막 일주일간에 일어난 일들이 기록되어 있습니다. 이
마지막 일주일을 수난주간이라 부릅니다. 오늘 말씀은 수
난주간의 시작인 예수님의 예루살렘 입성 장면입니다. 여기
에 메시아이신 예수님의 모습이 잘 나타나 있습니다. 예수
님은 사랑과 평화의 왕으로 오셔서 하나님의 백성들을 구
원하시는데 목적이 있었습니다. 그러나 무리들의 생각은 달
랐습니다. 무력으로 로마 군병을 물리치고 다윗 왕국의 건
설을 꿈꾸었습니다. 이처럼 자기 이상을 가지고 예수님을
따랐던 무리들은 결국 예수님을 배반하고 말았습니다. 오
늘 말씀을 통해 예수님이 어떤 메시아이신지, 그분이 이루
신 하나님 나라는 어떤 성격을 갖고 있는지를 배워 봅시다.
또한 우리의 왕이시고 주인이신 예수님께 가져야할 우리의
태도가 무엇인지도 잘 배울 수 있기를 바랍니다.

1. 본 사건이 일어난 때와 장소를 말해 보시오. 예수님께서 제자들에게 무슨 준비를 시키십니까(2, 3)? 제자들이 순종하기 어려웠던 점은 무엇이었을까요?

_____

_____

_____

_____

_____

2. 제자들이 순종했을 때 결과가 어떻게 되었습니까(4-6)? 순종하는 과정에서 제자들은 예수님이 어떤 분이심을 알게 되었을까요(삼상 8:17 참조)? 하나님의 말씀을 순종해보면 그 말씀이 참되다는 것을 발견하게 됩니다. 하나님의 말씀에 순종했던 경험을 나누어 보십시오.

ESV

1 Now when they drew near to Jerusalem, to Bethphage and Bethany, at the Mount of Olives, Jesus sent two of his disciples

2 and said to them, "Go into the village in front of you, and immediately as you enter it you will find a colt tied, on which no one has ever sat. Untie it and bring it.

3 If anyone says to you, 'Why are you doing this?' say, 'The Lord has need of it and will send it back here immediately.'"

4 And they went away and found a colt tied at a door outside in the street, and they untied it.

5 And some of those standing there said to them, "What are you doing, untying the colt?"

6 And they told them what Jesus had said, and they let them go.

3. 예수님이 예루살렘에 입성하실 때 무엇을 타셨습니까 (7)? 당시의 왕들은 백마를 타고 칼을 차고 호위병을 거느리고 입성하는 것이 관례였습니다. 이와 대조되는 예수님의 입성 모습에서 그분의 메시아 사역의 성격이 어떠함을 알 수 있습니까(슥 9:9)?

ESV

7 And they brought the colt to Jesus and threw their cloaks on it, and he sat on it.
8 And many spread their cloaks on the road, and others spread leafy branches that they had cut from the fields.
9 And those who went before and those who followed were shouting, "Hosanna! Blessed is he who comes in the name of the Lord!
10 Blessed is the coming kingdom of our father David! Hosanna in the highest!"

4. 무리들은 예수님을 어떻게 환영합니까(7, 8)? 무리들의 찬송 내용이 무엇이며, 그들은 무엇을 기대하는 것 같습니까(9, 10)? 예수님을 환영했던 무리들이 후에 예수님을 십자가에 못 박으라고 소리친 이유가 무엇이라 생각하십니까?

* 호산나: "구원하소서"라는 뜻의 히브리어를 음역한 것으로(시 118:25) 원래는 하나님께 대한 기원의 말이었으나, 그 후 "만세"와 같은 환호의 소리로 바뀌었음.(이상근 주석)

5. 예수님은 어디로 가셨습니까(11)? 곧 폭동이 일어날 것
   같은 긴박한 분위기를 예수님께서 어떻게 통제하고 계
   신지 생각해 보십시오. 예수님은 무리들의 환호에 흥분
   하지 않으시고, 자신의 사명을 완수하기 위하여 차분
   히 어디를 향하여 나아가고 계십니까?

ESV

11 And he entered Jerusalem and went into the temple. And when he had looked around at everything, as it was already late, he went out to Bethany with the twelve.

1. 예수님은 모든 것의 주인으로서 필요한 모든 것을 원하시는 대로 사용하실 수 있는 분입니다. 그러므로 믿는 자들은 주님의 말씀에 이의를 제기하지 말고 즉각적으로 순종해야 합니다. 하나님의 구원 역사를 위하여 당신이 순종하고 헌신해야 할 것은 무엇인지 나누어 보십시오. '주께서 쓰시겠다'고 하실 때 당신은 어떤 반응을 보이겠습니까?

2. 예수님은 겸손과 평화의 왕이십니다. 하나님의 나라는 무력을 사용하는 자가 아니라, 예수님처럼 겸손히 낮아지고 십자가를 지는 사람을 통하여 이루어집니다. 자신을 내어줄 때, 새로운 생명이 태어납니다. 당신이 좀 더 낮아지고 겸손해져야 할 부분이 있다면 나누어 보십시오.

함께 기도합시다

겸손과 평화의 왕, 예수 그리스도

예수님은 예루살렘 입성을 준비하기 위해 제자들을 보내십니다. 맞은 편 마을로 가서 아무도 타보지 않은 나귀새끼를 끌고 오라고 하셨습니다. 누가 묻거든 '주가 쓰시겠다' 라고 말하라고 했습니다. 제자들은 순종했고, 모든 일이 말씀대로 이루어짐을 체험하게 되었습니다. 이 사건은 주님이 모든 것의 주인이 되신다는 것을 보여줍니다. 예수님은 모든 것의 주인으로서 필요한 모든 것을 원하시는 대로 사용하실 수 있으십니다. 그러므로 예수님을 믿는 사람들은 하나님의 구원 역사를 이루는 일에 기꺼이 자신의 것을 드릴 수 있어야 합니다. '주께서 쓰시겠다' 하실 때, 무엇이든 기꺼이 드리시기 바랍니다.

예수님은 세상의 왕들과는 달리 나귀새끼를 타고 우스꽝스러운 모습으로 예루살렘에 입성하셨습니다. 이것은 구약 예언의 성취로 예수님이 겸손하신 메시아 되심을 선포하신 것입니다. 예수님은 무력으로 정복하고 다스리는 세상의 왕들과는 아주 다르십니다. 창조주이신 그분이 사람으로 낮아지셨을 뿐 아니라, 죄인들을 대신해서 겸손히 십자가에 자신을 내어주심으로 우리에게 참된 평화를 주셨습니다. 예수님처럼 우리도 낮아져 겸손히 섬길 때, 다른 사람을 살릴 수 있습니다. 겸손과 평화의 왕, 예수 그리스도를 닮는 주의 자녀 되시기를 바랍니다.

17과

포도원의 악한 농부

● **마가복음 12:1-12(1)**

예수께서 비유로 그들에게 말씀하시되 한 사람이 포도원을 만들어 산울타리로 두르고 즙 짜는 틀을 만들고 망대를 지어서 농부들에게 세로 주고 타국에 갔더니

우리들 주변에 때로는 자기 분수를 모르고 행동하는 사람들이 있습니다. 많은 은혜와 도움을 받았으면서도 전혀 고마워할 줄 모르고 마치 자기가 타고 날 때부터 가진 것처럼 행동하는 사람들이 있습니다. 그것도 모자라 더 많은 것을 얻기 위해서 편법과 불법을 자행하는 사람들이 있습니다. 이런 사람들을 보면 화가 나고 욕하게 됩니다. 하지만 우리 자신들도 정도의 차이는 있지만 이런 모습이 없는 것은 아닙니다. 오늘 본문을 보면, 이런 부류의 사람들이 나옵니다.

어느 포도원의 악한 농부의 비유는 하나님의 은혜를 알지 못하고 하나님의 종들을 핍박하고 하나님의 아들을 죽인 자들의 죄악을 책망하시는 내용입니다. 그리고 하나님의 아들은 죄인들에게 버림을 받으나 '건축자들의 버린 돌이 모퉁이의 머릿돌이 된 것' 처럼 존귀한 자로 하나님의 인류 구원 역사를 이루는데 쓰임을 받게 된 것입니다. 오늘 우리는 이미 베풀어 주신 하나님의 은혜를 알고, 주인 되신 하나님께 마땅히 보답하는 삶의 자세를 회복하고 하나님의 아들 예수 그리스도를 영접하는 삶을 살아야 하겠습니다.

1. 농부들이 어떻게 해서 포도원 농사를 하게 되었으며, 그
   들에게는 어떤 의무가 있습니까(1)?

2. 비유 속에 나오는 주인, 종, 아들, 다른 사람들, 농부들
   은 각각 누구를 가리킵니까(1-9)?

ESV

1 And he began to speak to them in parables. "A man planted a vineyard and put a fence around it and dug a pit for the winepress and built a tower, and leased it to tenants and went into another country.

2 When the season came, he sent a servant to the tenants to get from them some of the fruit of the vineyard.

3 And they took him and beat him and sent him away empty-handed.

4 Again he sent to them another servant, and they struck him on the head and treated him shamefully.

5 And he sent another, and him they killed. And so with many others: some they beat, and some they killed.

6 He had still one other, a beloved son. Finally he sent him to them, saying, 'They will respect my son.'

7 But those tenants said to one another, 'This is the heir. Come, let us kill him, and the inheritance will be ours.'

8 And they took him and killed him and threw him out of the vineyard.

9 What will the owner of the vineyard do? He will come and destroy the tenants and give the vineyard to others.

3. 포도원 주인이 소출을 받기 위해 보낸 사람들은 각각 누구이며, 농부들은 이들을 어떻게 대했습니까(2-8)? 농부들이 세를 거부한 이유가 무엇입니까?

4. 화가 난 포도원 주인이 배은망덕한 농부들을 어떻게 합니까(9)?

ESV

2 When the season came, he sent a servant to the tenants to get from them some of the fruit of the vineyard.
3 And they took him and beat him and sent him away empty-handed.
4 Again he sent to them another servant, and they struck him on the head and treated him shamefully.
5 And he sent another, and him they killed. And so with many others: some they beat, and some they killed.
6 He had still one other, a beloved son. Finally he sent him to them, saying, 'They will respect my son.'
7 But those tenants said to one another, 'This is the heir. Come, let us kill him, and the inheritance will be ours.'
8 And they took him and killed him and threw him out of the vineyard.
9 What will the owner of the vineyard do? He will come and destroy the tenants and give the vineyard to others.

5. 예수님께서 농부들에게 결론적으로 주시는 말씀이 무엇이며(10, 11), 그들의 반응은 어떠합니까(12)?

ESV

10 Have you not read this Scripture: "'The stone that the builders rejected has become the cornerstone;

11 this was the Lord's doing, and it is marvelous in our eyes'?"

12 And they were seeking to arrest him but feared the people, for they perceived that he had told the parable against them. So they left him and went away.

1. 포도원 주인은 좋은 포도원을 만들어서 농부들에게 얼마의 세만 받고 지어 먹도록 은혜를 베풀어 주었습니다. 포도원은 하나님께서 우리에게 주신 삶의 터전입니다. 당신에게는 주어진 삶의 터전이 무엇이며, 그것을 어떻게 여기고 있습니까?

2. 포도원 농사를 지은 농부들이 주인에게 소출을 거부한 이유는 탐심 때문이었습니다. 당신은 마땅히 내야할 세금이나 회비 등을 잘 내는 편입니까? 그렇지 못하는 편입니까? 그 이유가 무엇입니까? 하나님께 드려야 할 것은 잘 드리고 있나요?

함께 기도합시다

선한 농부로 살라

우리의 삶은 복된 삶이어야 합니다. 하나님은 우리의 삶이 복된 삶이되기를 바라십니다. 그런데 사람들은 복된 삶을 알지 못하고 오히려 악한 생각으로 욕심을 부리며 악하게 살아갑니다. 오늘 본문을 보면, 참 안타까운 마음이 듭니다. 포도원 주인은 좋은 포도원을 만들어서 농부들에게 세를 주고 타국에 갔습니다. 타국에 가서 소출 얼마를 세로 받으려고 종들을 보냈습니다. 여기서 "세"(lease)는 주인에게 당연히 되돌려 주어야 할 몫이었습니다. 하지만 악한 농부들은 세를 거부하고 종들을 거저 보내기도 하였고, 심히 때려서 보내기도 하였고, 머리에 상처를 내고 능욕하기도 하였고, 심지어 아들을 보내었는데 죽여 버리고 유산을 차지하고자 했습니다. 농부들이 얼마나 악한지 알 수 있습니다. 이러한 악한 농부들의 모습은 이스라엘 종교 지도자들의 모습이었습니다. 당시 이스라엘의 지도자들은 하나님의 포도원을 관리하는 농부와 같은 위치에 있으면서도 하나님의 뜻을 외면하고 하나님의 아들을 죽이고 자신의 기득권을 지키려고 한 것입니다. 악한 농부들은 배은망덕한 사람들이요, 심판을 받을 수밖에 없는 자들이었습니다. 그렇다면 선한 농부라면 어떻게 살아야 할까요? 선한 농부는 세를 당연히 낼 뿐만 아니라 종들을 환대하였을 것이고, 주인에게 감사의 마음도 전했을 것입니다. 우리는 선한 농부로 살아야 합니다. 포도원을 맡겨주신 하나님은 우리에게 삶의 터전을 맡겨주셨습니다. 우리의 삶의 터전에서 얻은 소출로 주인되신 하나님께 감사하며 살아야 하겠습니다.

18과

사람의 유혹을 받지 말라

● **마가복음 13:1-27(5)**

예수께서 이르시되 너희가 사람의 미혹을 받지 않도록 주의하라

우리의 인생은 현재도 중요하지만, 끝이 제일 중요합니다. 아무리 잘 살았더라도 종말이 비참하면 앞의 모든 것이 허무하게 되는 것입니다. 즉 성경적인 종말은 예수님의 초림부터 재림까지를 가리킵니다. 우리는 종말에 살고 있습니다. 하지만 대부분의 사람들은 종말을 무시하고 아무런 대비책도 없이 살아가고 있습니다. 종말의 쓰나미가 밀려온다 해도 자기와는 상관이 없는 것처럼 태연하게 살아가는 이들이 많습니다. 종말을 무시하고 준비 없이 사는 것은 어리석은 것입니다. 종말의 쓰나미는 순식간에 우리의 모든 것을 쓸어버릴 수 있다는 것을 2011년 봄 일본 대지진과 쓰나미를 통해서 보았습니다. 오늘 본문에서 예수님은 종말의 징조를 열거해주시면서 대비하도록 가르쳐 주십니다. 예수님의 종말론은 너무나 생생하고 실감이 납니다. 종말의 징조들이 많이 나타나고 있는 이때에 더욱 깨어있는 마음으로 공부할 수 있길 바랍니다.

1. 성전을 바라보는 제자들의 주 관심사는 무엇이며, 이에
   대한 예수님의 가르침이 무엇입니까(1-2)?

2. 그 날에 대한 제자들의 궁금증은 무엇이며(3, 4), 예수
   님은 어떤 놀라운 일을 알려주십니까(5-13)?

ESV

1 And as he came out of the temple, one of his disciples said to him, "Look, Teacher, what wonderful stones and what wonderful buildings!" 2 And Jesus said to him, "Do you see these great buildings? There will not be left here one stone upon another that will not be thrown down." 3 And as he sat on the Mount of Olives opposite the temple, Peter and James and John and Andrew asked him privately, 4 "Tell us, when will these things be, and what will be the sign when all these things are about to be accomplished?" 5 And Jesus began to say to them, "See that no one leads you astray. 6 Many will come in my name, saying, 'I am he!' and they will lead many astray. 7 And when you hear of wars and rumors of wars, do not be alarmed. This must take place, but the end is not yet. 8 For nation will rise against nation, and kingdom against kingdom. There will be earthquakes in various places; there will be famines. These are but the beginning of the birth pains. 9 "But be on your guard. For they will deliver you over to councils, and you will be beaten in synagogues, and you will stand before governors and kings for my sake, to bear witness before them. 10 And the gospel must first be proclaimed to all nations. 11 And when they bring you to trial and deliver you over, do not be anxious beforehand

3. 종말의 징조가 있을 때 성도들은 어떤 태도와 각오를
   가지고 대비해야 합니까(5, 10, 13)?

4. 환난의 때에 대한 분별과 대피 명령이 무엇이며(14-17),
   환난의 극심한 때에 택하신 백성들을 향한 하나님의
   긍휼이 어떻게 나타나 있습니까(18-20)?

ESV

what you are to say, but say whatever is given you in that hour, for it is not you who speak, but the Holy Spirit. 12 And brother will deliver brother over to death, and the father his child, and children will rise against parents and have them put to death. 13 And you will be hated by all for my name's sake. But the one who endures to the end will be saved. 14 "But when you see the abomination of desolation standing where he ought not to be (let the reader understand), then let those who are in Judea flee to the mountains. 15 Let the one who is on the housetop not go down, nor enter his house, to take anything out, 16 and let the one who is in the field not turn back to take his cloak. 17 And alas for women who are pregnant and for those who are nursing infants in those days! 18 Pray that it may not happen in winter. 19 For in those days there will be such tribulation as has not been from the beginning of the creation that God created until now, and never will be. 20 And if the Lord had not cut short the days, no human being would be saved. But for the sake of the elect, whom he chose, he shortened the days.

5. 종말에 이단들의 활동이 어떠하며, 어떻게 대처할 수
   있습니까(21-23)? 예수님께서 재림하실 때 어떤 일이
   일어납니까(24-27)?

ESV

21 And then if anyone says to you, 'Look, here is the Christ!' or 'Look, there he is!' do not believe it.

22 For false christs and false prophets will arise and perform signs and wonders, to lead astray, if possible, the elect.

23 But be on guard; I have told you all things beforehand.

24 "But in those days, after that tribulation, the sun will be darkened, and the moon will not give its light,

25 and the stars will be falling from heaven, and the powers in the heavens will be shaken.

26 And then they will see the Son of Man coming in clouds with great power and glory.

27 And then he will send out the angels and gather his elect from the four winds, from the ends of the earth to the ends of heaven.

1. 종말의 때에는 유혹과 환난과 핍박이 많게 됩니다. 유혹은 피할 수 있지만, 환난과 핍박은 힘써 감당해야 하는데, 당신은 어떤 유혹을 받아 보았으며, 복음을 위하여 어떤 고난을 받고 있습니까?

2. 이미 종말이 시작되었는데 환난이 처처에서 일어나고 있고, 이단의 활동으로 미혹 받는 사람들이 늘어가고 있습니다. 우리 주변에서 일어나고 있는 환난들과 이단의 활동을 말해보고, 어떻게 우리가 대비해야 할지 나누어 보세요.

함께 기도합시다

종말을 준비하는 삶

종말이라고 모든 삶을 내 팽개친 것은 잘못된 것입니다. 한 때 년도와 날짜까지 정해놓고 예수님이 재림하신다고 주장하면서 모든 직장과 재산을 정리하고 재림을 기다리는 무리들이 있었습니다. 이들의 어리석음이 드러났지만, 종말론에 관계된 이단들이 없어지지 않고 있습니다. 이단의 교주들과 그를 따르는 무리들은 아주 교활한 방법으로 성도들을 미혹하고 있습니다. 최근에는 다양한 이단들이 교회와 사회를 혼란스럽게 하고 있습니다. 왜 이렇게도 이단들이 득세하고 있는 것입니까? 기성교회가 책임져야 할 부분도 있지만, 성도들이 성경에 대하여 너무나 무지하기 때문입니다.

예수님께서 가르쳐주신 종말을 대비하는 삶을 세 가지만 정리해보겠습니다. 첫째는 사람의 미혹을 받지 않아야 합니다. 사람의 미혹은 이단들의 유혹을 말합니다. 이단들은 거짓 진리를 사실인 것처럼 꾸미서 올바른 신앙을 버리고 떠나도록 수단과 방법을 가리지 않습니다. 이단의 유혹을 받지 않으려면 진리의 말씀으로 무장하여 분별하여 물리쳐야 합니다. 두 번째는 종말의 징조를 보면서 깨어 있어야 합니다. 종말의 때는 분명한 징조들이 나타납니다. 난리와 전쟁과 지진과 기근 등은 종말의 때를 말해줍니다. 하지만 아직 끝이 아닙니다. 이러한 징조를 보면서 우리 그리스도인들은 주님의 말씀대로 종말이 다가오고 있음을 알고 더욱 깨어 있는 삶을 살아야 합니다. 깨어 있는 삶은 현실을 도피하여 기도원이나 산속으로 들어가는 것이 아닙니다. 내일 지구의 끝이 온다 해도 오늘 자기에게 주어진 일을 묵묵히 감당하는 삶입니다. 세 번째는 복음 증거와 기도의 삶을 살아야 합니다. 종말은 복음이 만국에 전파되어야 옵니다. 복음이 전파되지 않고서 종말은 오지 않습니다. 그러므로 우리의 관심은 복음이 어디까지 전파되고 있는지를 알아야 하고 복음 증거의 삶을 살아야 합니다. 그리고 종말의 때에 큰 환난을 잘 이길 수 있도록 기도해야 합니다. 유혹과 환난이 끊임없는 이 시대에 종말을 대비하는 제자로 살아야 하겠습니다.

19과

예수님의 마지막 만찬

● **마가복음 14:1-26(21)**

인자는 자기에 대하여 기록된 대로 가거니와 인자를 파는 그 사람에게는 화가 있으리로다 그 사람은 차라리 나지 아니하였더라면 자기에게 좋을 뻔하였느니라 하시니라

이 세상에서 고난을 좋아하는 사람은 아무도 없습니다. 할 수 있는 대로 고생을 덜 하고 편리하고 편안히 살고 싶은 것이 모든 사람의 바램입니다. 하지만 고난 없이는 면류관이 없다(no pain no crown)는 말처럼 고난을 피하는 사람은 어떤 열매도 기대할 수 없습니다. 반드시 의미 있고 가치 있는 일에는 고난이 있고 장애물이 있습니다. 오늘 본문을 보면, 예수님은 자신 앞으로 다가 온 엄청난 고난을 알고 계셨지만, 피하지 않으시고 고난의 한복판으로 걸어가셨습니다. 사악한 무리들은 예수님을 죽이려고 계략을 꾸미고, 제자 중의 한 사람은 배신의 기회를 찾고 있는 상황이 전개되고 있습니다. 이런 가운데서 예수님은 제자들에게 최후 만찬을 준비하게 하시며, 자신의 죽음에 관련된 의미심장한 말씀을 해주십니다.

제자의 길은 고난의 대가를 치르지 않고서는 얼마가지 못합니다. 제자의 길을 포기하는 대부분의 사람들은 고난을 싫어합니다. 오늘 우리는 왜 예수님께서 스스로 고난의 길을 가셨으며, 예수님의 죽음의 의미가 무엇인지를 진지하게 공부함으로 예수님을 믿고 따르는 삶을 새롭게 할 수 있어야 하겠습니다.

1. 대제사장들과 서기관들 그리고 가룟 유다가 무슨 음모를 꾸미고 있습니까(1-2, 10-11)?

2. 베다니 나병환자 시몬의 집에서 무슨 일이 있었으며, 예수님께서는 이를 어떻게 보셨습니까(3-9)?

1 It was now two days before the Passover and the Feast of Unleavened Bread. And the chief priests and the scribes were seeking how to arrest him by stealth and kill him, 2 for they said, "Not during the feast, lest there be an uproar from the people." 3 And while he was at Bethany in the house of Simon the leper, as he was reclining at table, a woman came with an alabaster flask of ointment of pure nard, very costly, and she broke the flask and poured it over his head. 4 There were some who said to themselves indignantly, "Why was the ointment wasted like that? 5 For this ointment could have been sold for more than three hundred denarii and given to the poor." And they scolded her. 6 But Jesus said, "Leave her alone. Why do you trouble her? She has done a beautiful thing to me. 7 For you always have the poor with you, and whenever you want, you can do good for them. But you will not always have me. 8 She has done what she could; she has anointed my body beforehand for burial. 9 And truly, I say to you, wherever the gospel is proclaimed in the whole world, what she has done will be told in memory of her." 10 Then Judas Iscariot, who was one of the twelve, went to the chief priests in order to betray him to them. 11 And when they heard it, they were glad and

3. 예수님께서는 제자들에게 어떻게 유월절을 준비하
   도록 하셨습니까(12-16)?

4. 예수님께서 유월절 만찬에서 자신을 팔 자에 대하여
   말씀하신 이유가 무엇입니까(17-21)?

ESV

promised to give him money. And he sought an opportunity to betray him. 12 And on the first day of Unleavened Bread, when they sacrificed the Passover lamb, his disciples said to him, "Where will you have us go and prepare for you to eat the Passover?" 13 And he sent two of his disciples and said to them, "Go into the city, and a man carrying a jar of water will meet you. Follow him, 14 and wherever he enters, say to the master of the house, 'The Teacher says, Where is my guest room, where I may eat the Passover with my disciples?' 15 And he will show you a large upper room furnished and ready; there prepare for us." 16 And the disciples set out and went to the city and found it just as he had told them, and they prepared the Passover. 17 And when it was evening, he came with the twelve. 18 And as they were reclining at table and eating, Jesus said, "Truly, I say to you, one of you will betray me, one who is eating with me." 19 They began to be sorrowful and to say to him one after another, "Is it I?"

20 He said to them, "It is one of the twelve, one who is dipping bread into the dish with me. 21 For the Son of Man goes as it is written of him, but woe to that man by whom the Son of Man is betrayed! It would have been better for that man if he had not been born."

5. 최후의 만찬 자리에서 예수님께서 떡과 잔을 나누어 주
   시면서 무슨 말씀을 하셨으며, 그 의미는 무엇입니까
   (22–26)?

ESV

22 And as they were eating, he took bread, and after blessing it broke it and gave it to them, and said, "Take; this is my body." 23 And he took a cup, and when he had given thanks he gave it to them, and they all drank of it. 24 And he said to them, "This is my blood of the covenant, which is poured out for many. 25 Truly, I say to you, I will not drink again of the fruit of the vine until that day when I drink it new in the kingdom of God." 26 And when they had sung a hymn, they went out to the Mount of Olives.

1. 예수님을 위해서 향유 옥합을 깨뜨려 부어드리는 마리아와 돈을 받고 스승을 파는
   가룟 유다를 볼 때에 각 각 왜 이런 태도를 갖게 되었을까요? 당신은 어떤 태도로
   예수님을 대하고 있는지 말해보시오.

_____

_____

_____

2. 예수님은 고난과 죽음을 아시고 스스로 그 고난의 한복판으로 들어가셨습니다. 제
   자의 삶에도 어려움과 고난이 있습니다. 당신은 무엇 때문에 고난을 받고 있으며, 고
   난의 의미와 가치를 생각할 때 어떻게 감당해야 한다고 생각하십니까?

_____

_____

_____

함께 기도합시다

사랑의 길, 배신의 길

예수님은 3년이라는 길지 않은 공생애를 보내셨지만, 엄청난 일들을 하셨습니다. 사도 요한은 예수님께서 행하신 일들이 낱낱이 기록된다면 이 세상이라도 기록된 책을 두기에 부족할 것이라고 말했습니다(요 21:25). 이렇게 표현 한 것은 예수님의 행하신 일이 그만큼 많았다는 것을 강조한 것이지만, 수많은 사람들에게 큰 감동을 주었다는 이야기입니다. 수많은 사람들이 예수님께 감동을 받은 것은 놀라운 이적을 행하신 것에도 있지만, 더 감동을 받은 것은 파격적인 사랑과 진리의 말씀이었습니다.

그런데 이렇게 좋으신 예수님을 대하는 극단적인 두 반응이 우리의 마음에 큰 충격을 주고 있습니다. 사랑의 반응과 배신의 반응입니다. 한 여인은 매우 값진 향유를 가지고 와서 예수님의 머리에 부어 드렸습니다. 이 향유는 약 300데나리온으로 오늘날 값으로 계산하면(하루 노동자의 품삯을 5만 원으로 했을 경우), 약 1500만 원정도나 됩니다. 이 여인은, 아마도 결혼준비를 위해서 지금까지 조금씩 모아온 것으로 추정되는데, 예수님의 사랑에 감사해서 한꺼번에 다 부어드린 것입니다. 당시 향유를 붓는 풍습은 귀한 손님에 대한 극진한 존경과 사랑의 표현이었다고 합니다. 우리는 주님의 사랑에 대하여 어떤 감사의 마음을 표현하고 있는지 생각해보아야 합니다. 주님께 사랑을 받았다면, 어떻게 사랑의 표현을 해야 할지 생각해보시길 바랍니다. 제자 중 하나인 가룟 유다는 예수님을 사랑하기는커녕 오히려 돈을 받고 팔고 말았습니다. 예수님이 계신 곳을 알려주는 정보 대가로 은 삼십을 주고 팔았습니다. 은 삼십은 당시 노예 값으로 120데나리온(약 600만 원)에 지나지 않습니다. 그는 주님께 신뢰를 받아서 제자공동체의 재정을 맡았는데, 오히려 배신의 칼을 꽂은 것입니다. 어떻게 이럴 수가 있을까? 사람이 욕심과 돈에 사로잡히면 다른 것은 보이지 않게 되는 것입니다. 우리는 어떤 일이 있어도 주님 사랑의 길로 가야 합니다. 배신의 길로 가면 불행합니다. 결코 행복할 수가 없습니다.

20과

예수님의 겟세마네 기도

● **마가복음 14:27-42(36)**

이르시되 아빠 아버지여 아버지께는 모든 것이 가능하
오니 이 잔을 내게서 옮기시옵소서 그러나 나의 원대로
마시옵고 아버지의 원대로 하옵소서 하시고

시작하는 이야기

　"겟세마네"라는 단어는 "기름짜는 틀"이라는 의미로, 예
루살렘 동쪽 감람산에 있는 동산을 가리킵니다. 예수님은
십자가의 죽음을 앞두고 제자들을 데리고 겟세마네 동산
으로 가서 특별한 기도를 드리고 싶었습니다. 하지만 제자
들의 모습은 아직도 연약하여 함께 깨어 기도할 줄도 모르
고 졸거나 잠에 빠져 있었습니다. 그들은 사랑하는 주님의
부탁에도 피곤함을 이기지 못하고 잠을 자고 말았습니다.

　오늘 본문에서 우리는 예수님의 간절한 기도를 배울 수
있습니다. 기도의 본질이 담겨있는 내용입니다. 기도의 중
요성을 알지만 제대로 기도생활을 하지 못한 사람들은 예
수님의 기도 자리로 나아가 보십시오. 예수님께서 기도하시
는 모습을 보고서도 기도하지 않으면, 우리는 주님을 외면
하는 것이며, 영적 호흡을 중단하는 것이나 다름이 없는 것
입니다. 기도는 한가한 사람이 하는 것이 아닙니다. 기도는
의무감이나 습관으로 하는 것도 아닙니다. 기도는 하나님
의 뜻에 순종하기 위해서 반드시 해야 하는 것입니다. 예수
님의 겟세마네 기도를 배움으로 기도의 사람으로, 예수님
의 증인으로 세움을 받으시길 바랍니다.

1. 예수님께서 갑자기 제자들에게 무슨 말씀을 하셨습니까(27-28, 30)?

_____

_____

_____

_____

_____

_____

2. 예수님의 말씀에 베드로와 제자들은 어떻게 반응하였으며(29, 31), 왜 이런 반응을 보였을까요?

_____

_____

_____

_____

_____

_____

_____

_____

_____

ESV

27 And Jesus said to them, "You will all fall away, for it is written, 'I will strike the shepherd, and the sheep will be scattered.'

28 But after I am raised up, I will go before you to Galilee."

29 Peter said to him, "Even though they all fall away, I will not."

30 And Jesus said to him, "Truly, I tell you, this very night, before the rooster crows twice, you will deny me three times."

31 But he said emphatically, "If I must die with you, I will not deny you." And they all said the same.

3. 예수님께서 기도하신 곳은 어떤 곳이며, 왜 제자들을 데리고 가셨으며, 마음의 고민을 말하셨을까요(32-34)?

ESV

34 And he said to them, "My soul is very sorrowful, even to death. Remain here and watch."

35 And going a little farther, he fell on the ground and prayed that, if it were possible, the hour might pass from him.

36 And he said, "Abba, Father, all things are possible for you. Remove this cup from me. Yet not what I will, but what you will."

4. 예수님께서 기도하시는 모습이 어떠하며, 무슨 기도를 반복적으로 드리셨습니까(35-36)?

5. 예수님께서 간절히 기도하시는 동안에 베드로를 비롯한 제자들은 무엇을 하고 있었습니까(37-42)? 왜 이렇게 잠만 자고 있었을까요?

ESV

37 And he came and found them sleeping, and he said to Peter, "Simon, are you asleep? Could you not watch one hour?

38 Watch and pray that you may not enter into temptation. The spirit indeed is willing, but the flesh is weak."

39 And again he went away and prayed, saying the same words.

40 And again he came and found them sleeping, for their eyes were very heavy, and they did not know what to answer him.

41 And he came the third time and said to them, "Are you still sleeping and taking your rest? It is enough; the hour has come. The Son of Man is betrayed into the hands of sinners.

42 Rise, let us be going; see, my betrayer is at hand."

1. 예수님은 우리의 영원한 목자요, 우리는 그 분의 양입니다. 당신에게 임한 목자의 사랑이 무엇인지를 말해보시오. 어린 양일 때는 많은 실수를 하였을지라도 실수를 통해서 교훈을 얻는 양이라면 어떻게 살아야 하겠습니까?

2. 예수님의 겟세마네 기도는 인류 구원의 하나님의 뜻을 이루는 중요한 기도였습니다. 자신의 뜻보다도 아버지의 뜻을 이루기 위하여 피와 땀을 흘리시며 기도하신 예수님을 생각할 때 당신은 하나님의 뜻을 이루기 위한 기도생활이 어떠하며, 당장에 고쳐야 할 점은 무엇입니까?

함께 기도합시다

아버지의 원대로 하옵소서

성경에 수많은 기도문들이 있고, 예수님께서 가르쳐주신 기도와 직접 하신 기도들이 있지만, 겟세마네 기도만큼 전율을 느끼게 하는 기도는 없을 것입니다. 히브리서 기자는 5장 7절에서, 예수님께서 육체에 계실 때에 자기를 죽음에서 능히 구원하실 이에게 심한 통곡과 눈물로 간구와 소원을 올렸다고 소개해주고 있습니다. 왜 예수님의 겟세마네 기도가 중요한 것입니까?

예수님은 겟세마네 기도에서 제자들에게 시험에 들지 않도록 깨어 기도해야 함과 아버지의 원대로 하는 기도에 대하여 가르쳐 주셨습니다. 예수님은 자신의 마음이 심히 고민하여 죽게 되었으니 제자들에게 특별히 부탁을 하면서 깨어 기도하도록 부탁을 하셨습니다. 자신이 기도하는 동안에 함께 기도를 해주기를 요청하신 것입니다. 하지만 제자들은 예수님의 마음의 고민과 고통을 전혀 몰라주고 졸거나 잠에 빠지고 말았습니다. 제자들의 모습이 한심스러워 보이지만, 바로 우리들의 모습입니다. 우리들도 깨어 기도하지 못하고 잠에 빠져서 시험에 들 때가 많습니다. 우리는 시험에 들지 않도록 깨어 기도해야 합니다. 그리고 예수님은 아버지의 원대로 하는 기도를 보여주셨습니다. 예수님은 고난의 잔을 피하고 싶은 마음도 있어서 '이 잔을 내게서 옮기시옵소서' 하셨으나 '나의 원대로 마시옵고 아버지의 원대로 하옵소서'라고 하신 것입니다. 예수님의 기도의 본질은 자신의 원함이 아니라 아버지의 원함이었습니다. 예수님은 고난의 잔이라도 아버지의 원함이시라면 순종하겠다는 마음으로 기도하신 것입니다. 이것이 기도의 본질입니다. 참된 기도는 나의 소원을 성취하는 것이 아니라 하나님 아버지의 뜻이 이루어지게 하는 것입니다. 우리는 자기의 많은 소원을 가지고 기도할 수 있습니다. 하지만 우리의 기도가 아버지의 소원과 무관하고 아버지의 원함이 아니라면, 내려놓아야 합니다. 아버지의 원대로 기도하는 사람들을 통해서 하나님의 역사를 이루어가십니다. 하나님의 뜻대로 기도함으로 하나님의 역사에 쓰임받는 사람이 됩시다.

21과

예수님의 고난과 십자가

● **마가복음 15:1-20(15)**

빌라도가 무리에게 만족을 주고자 하여 바라바는 놓아 주고 예수는 채찍질하고 십자가에 못 박히게 넘겨 주니라

십자가는 복음의 핵심입니다. 십자가 없는 복음은 복음이 아닙니다. 그런데도 십자가의 복음을 외면하는 경우가 많습니다. 십자가의 복음을 말하지만, 십자가 없이 살아가는 그리스도인들이 많습니다. 4복음서를 보면, 거의 1/3 분량에 예수님의 고난과 십자가를 알려주고 있습니다. 예수님의 십자가를 바로 알아야 합니다. 십자가 앞에 서 봐야 합니다. 대부분의 그리스도인들은 예수님의 십자가를 깊이 알고 체험하지 못합니다. 일 년 중 고난주간 일주일만 십자가를 생각하는 이들도 있습니다. "패션 오브 크라이스트"(The Passion of the Christ) 영화는 예수님의 십자가 고난을 가장 리얼하게 보여준 것으로 알려져 있지만, 사실은 그것보다도 훨씬 더 심한 고난을 받은 것입니다. 그 영화를 본 사람이라면 채찍에 맞아서 피투성이가 된 예수님의 모습을 보면서 괴롭고 불편하며 아픔의 전율을 느꼈을 것입니다.

우리는 우리의 죄 때문에 고난을 받으신 예수님을 생각할 때 마음이 무겁고 부담이 되는 것은 사실이지만, 십자가에 직면하는 법에 익숙해져야 합니다. 십자가를 회피하는 것은 예수님을 외면하는 것입니다. 오늘 본문의 말씀을 통해서 예수님의 고난과 십자가 고통을 더 많이 묵상하고 더 많이 마음속에 새겨보시길 바랍니다.

말씀의 자리

1. 유대의 지도자들은 예수님을 누구에게 왜 넘겨주었습니까(1, 10)?

2. 빌라도 총독 앞에서 예수님의 진술과 침묵이 어떠하며, 왜 거의 침묵으로 일관하였을까요(2-5)?

ESV

1 And as soon as it was morning, the chief priests held a consultation with the elders and scribes and the whole council. And they bound Jesus and led him away and delivered him over to Pilate.

2 And Pilate asked him, "Are you the King of the Jews?" And he answered him, "You have said so."

3 And the chief priests accused him of many things.

4 And Pilate again asked him, "Have you no answer to make? See how many charges they bring against you."

5 But Jesus made no further answer, so that Pilate was amazed.

6 Now at the feast he used to release for them one prisoner for whom they asked.

7 And among the rebels in prison, who had committed murder in the insurrection, there was a man called Barabbas.

8 And the crowd came up and began to ask Pilate to do as he usually did for them.

9 And he answered them, saying, "Do you want me to release for you the King of the Jews?"

10 For he perceived that it was out of envy that the chief priests had delivered him up.

3. 빌라도의 고민이 무엇이었으며 어떻게 놓아주려고 하였습니까(6-9)?

_____

_____

_____

_____

_____

_____

_____

_____

4. 백성들의 죄는 무엇이며, 빌라도의 계획이 왜 수포로 돌아갔습니까(11-15)? 그의 죄가 무엇입니까?

_____

_____

_____

_____

_____

_____

_____

ESV

11 But the chief priests stirred up the crowd to have him release for them Barabbas instead.

12 And Pilate again said to them, "Then what shall I do with the man you call the King of the Jews?"

13 And they cried out again, "Crucify him."

14 And Pilate said to them, "Why, what evil has he done?" But they shouted all the more, "Crucify him."

15 So Pilate, wishing to satisfy the crowd, released for them Barabbas, and having scourged Jesus, he delivered him to be crucified.

5. 예수님께서는 군병들에게 어떤 희롱을 당하셨습니까 (16-20)?

___

ESV

16 And the soldiers led him away inside the palace (that is, the governor's headquarters), and they called together the whole battalion.

17 And they clothed him in a purple cloak, and twisting together a crown of thorns, they put it on him.

18 And they began to salute him, "Hail, King of the Jews!"

19 And they were striking his head with a reed and spitting on him and kneeling down in homage to him.

20 And when they had mocked him, they stripped him of the purple cloak and put his own clothes on him. And they led him out to crucify him.

1. 예수님을 죽인 사람들은 대제사장들, 장로들과 서기관들, 무리들, 빌라도, 로마 군병들입니다. 결국 우리 인간들이 예수님을 십자가에 죽게 하였습니다. 당신은 시기심이라는 죄, 무지라는 죄가 얼마나 큰지를 알고 있습니까? 시기심, 무지에서 벗어나기 위해서 어떻게 해야 하겠습니까?

2. 예수님은 채찍에 맞으며, 온갖 조롱과 수치를 다 당하셨습니다. 그리고 예수님은 당시 극악무도한 흉악범이나 반역자들을 처형하는 십자가형에 처해졌습니다. 사람에게 가장 큰 고통은 인격적인 무시와 모멸감을 받았을 때인데, 우리를 위해 예수님의 십자가를 생각할 때, 당신의 십자가는 무엇이며, 자기 십자가를 어떻게 지고 가고 있습니까?

함께 기도합시다

십자가의 복음으로 살라

예수님이 이 땅에 오신 목적은 십자가를 지시기 위해서 오신 것이라 해도 과언이 아닙니다. 예수님은 공생애를 통해서 수많은 사람들을 사랑하시고 병든 자를 치료하시고 진리의 말씀을 전하시고 쉴 틈이 없을 정도로 바쁘게 사셨습니다. 사도 요한은 예수님께서 공생애 기간 동안에 하신 일이 낱낱이 기록된다면 이 세상이라도 그 기록된 책을 두기에 부족할 것이라고 하면서, 예수님께서 행하신 일이 수없이 많았다는 것을 강조했습니다(요 21:25). 하지만 예수님의 공생애를 한 마디로 압축한다면 십자가를 지신 일입니다.

우리는 예수님께서 왜 십자가를 지셨는지 올바로 알아야 합니다. 예수님의 십자가를 감상적으로 바라보고 슬퍼하거나 눈물짓는 것으로 십자가를 바로 알았다고 말할 수 없습니다. 예수님의 십자가는 복음의 핵심입니다. 십자가 없는 복음은 가짜 복음입니다. 진짜 복음은 십자가와 부활입니다. 십자가는 예수님의 가르침과 생애를 가장 함축적으로 상징해주는 것입니다. 예수님은 십자가에서 하나님의 인류 구원 역사를 완성하셨습니다. 예수님은 십자가로 죄악된 세상에 구원의 선물을 주셨습니다. 우리는 십자가 복음을 믿음으로 구원을 받았습니다. 죄사함을 받았고, 하나님과 화목하게 되었고, 사람과 사람 사이에도 화목할 수 있게 되었습니다.

이제 우리의 삶의 중심에는 십자가가 있어야 합니다. 십자가의 복음으로 살아야 합니다. 십자가의 복음이 우리의 삶에 실재가 되어야 합니다. 십자가로 산다는 것은 내가 죽고 예수님으로 사는 것입니다. 예수님으로 살아야 하나님의 자녀다운 삶을 사는 것이며, 하나님 아버지의 뜻을 이루는 삶을 살 수 있는 것입니다. 예수님으로 사는 사람이 이 땅을 살릴 것입니다.

22과

만민에게 복음을 전파하라

● **마가복음 16:1-20(15)**

또 이르시되 너희는 온 천하에 다니며 만민에게 복음을
전파하라

죽은 사람이 부활한다는 것이 가능한 일인가? 기절했다
가 깨어난 사람도 있고, 실제로 죽었다가 여러 시간 후에 살아
난 사람도 간혹 있습니다. 하지만 완전히 죽어서 무덤에 장사
를 지낸 사람이 살아난 경우는 인류 역사상 단 한번 밖에 없
었습니다. 바로 예수님의 부활입니다. 그런데 사람이 이성적으
로 부활을 이해한다는 것은 쉽지 않습니다. 오늘 본문을 보면,
예수님과 함께 있었던 제자들이나 여자들도 예수님의 부활을
믿지 못했습니다. 예수님은 제자들에게 부활의 믿음을 갖도
록 두 가지 기적을 보게 해주셨습니다. 한 가지는 회당장 야이
로의 딸을 살려주신 기적이고, 다른 한 가지는 죽은 지 나흘이
되어 썩은 냄새가 난 나사로를 살려주신 기적입니다. 특히 예수
님은 나사로를 살려주시기 앞서 자신에 대한 중대한 선포를 하
셨습니다. "나는 부활이요 생명이니 나를 믿는 자는 죽어도 살
겠고 무릇 살아서 나를 믿는 자는 영원히 죽지 아니하리니 이
것을 네가 믿느냐"(요 11:25, 26).

예수님은 부활하셨습니다. 죽음의 권세를 이기고, 무덤의
돌을 굴리고 부활하셨습니다. 십자가만 아는 것은 진짜 복음
을 모르는 것입니다. 진짜 복음은 십자가와 부활입니다. 오늘
우리는 본문 말씀을 통해서, 왜 제자들이 예수님의 부활을 믿
지 못하였는지, 또 부활의 복음이 어떤 복음인지, 예수님의 부
활을 믿는 사람들은 어떻게 살아야 하는지를 배울 수 있길 바
랍니다.

1. 누가 언제 예수님의 무덤에 찾아갔으며, 그들의 염려가
   무엇이었습니까(1-3)?

ESV

1 When the Sabbath was past, Mary Magdalene, Mary the mother of James, and Salome bought spices, so that they might go and anoint him.
2 And very early on the first day of the week, when the sun had risen, they went to the tomb.
3 And they were saying to one another, "Who will roll away the stone for us from the entrance of the tomb?"
4 And looking up, they saw that the stone had been rolled back—it was very large.
5 And entering the tomb, they saw a young man sitting on the right side, dressed in a white robe, and they were alarmed.
6 And he said to them, "Do not be alarmed. You seek Jesus of Nazareth, who was crucified. He has risen; he is not here. See the place where they laid him.
7 But go, tell his disciples and Peter that he is going before you to Galilee. There you will see him, just as he told you."
8 And they went out and fled from the tomb, for trembling and astonishment had seized them, and they said nothing to anyone, for they were afraid.

2. 무덤은 어떻게 되어 있었으며, 여인들은 어떤 메시지를
   들었습니까(4-8)?

3. 부활하신 예수님은 누구에게 맨 처음 나타나셨으며,
   이 소식을 들은 제자들의 반응은 어떠했습니까(9-13)?
   예수님은 이들을 어떻게 책망하십니까(14)?

_____

_____

_____

_____

_____

_____

4. 예수님은 제자들이 연약함에도 불구하고 무슨 사명과
   약속을 주십니까(15-18)?

_____

_____

_____

_____

_____

_____

ESV

9 Now when he rose early on the first day of the week, he appeared first to Mary Magdalene, from whom he had cast out seven demons.

10 She went and told those who had been with him, as they mourned and wept.

11 But when they heard that he was alive and had been seen by her, they would not believe it.

12 After these things he appeared in another form to two of them, as they were walking into the country.

13 And they went back and told the rest, but they did not believe them.

14 Afterward he appeared to the eleven themselves as they were reclining at table, and he rebuked them for their unbelief and hardness of heart, because they had not believed those who saw him after he had risen.

15 And he said to them, "Go into all the world and proclaim the gospel to the whole creation.

16 Whoever believes and is baptized will be saved, but whoever does not believe will be condemned.

17 And these signs will accompany those who believe: in my name they will cast out demons; they will speak in new tongues;

18 they will pick up serpents with their hands; and if they drink any deadly poison, it will not hurt them; they will lay their hands on the sick, and they will recover."

5. 부활하신 예수님께서는 어디로 가셨으며, 제자들은 어떻게 사명을 감당합니까(19-20)?

_____
_____
_____
_____
_____
_____
_____
_____
_____
_____
_____
_____
_____
_____
_____
_____
_____
_____
_____
_____

ESV

19 So then the Lord Jesus, after he had spoken to them, was taken up into heaven and sat down at the right hand of God.
20 And they went out and preached everywhere, while the Lord worked with them and confirmed the message by accompanying signs.

1. 복음의 핵심은 십자가와 부활입니다. 부활은 구원의 완성이며, 승리이며, 십자가의 확증입니다. 예수님은 미리 십자가와 부활에 대하여 제자들에게 말씀해주셨는데, 믿지 못했습니다. 왜 부활을 믿지 못한 것입니까? 부활의 확신을 갖기 위해서 당신에게 필요한 것은 무엇입니까?

2. 예수님은 부활신앙을 쉽게 갖지 못한 제자들을 만나주시고 확신을 갖도록 도와주셨습니다. 그리고 천하 만민에게 복음전파의 사명을 주셨습니다. 우리가 부족하고 연약해도 복음을 전해야 할 이유가 무엇이며, 어떻게 복음 역사에 동참해야 합니까?

함께 기도합시다

부활의 복음으로 살아가기

할렐루야! 예수님께서 부활하셨습니다. 예수님께서 성경대로 부활하신 것입니다. 부활하신 예수님은 막달라 마리아에게 먼저 보이시고 다른 여자들에게 보이시고, 열한 제자들에게 보이신 것입니다. 하지만 제자들은 어리둥절하면서 예수님의 부활을 믿지 못했습니다. 예수님은 부활을 믿지 못하는 제자들에게 부활의 증거를 보여주셨고, 또 그들의 믿음 없는 것과 마음이 완악한 것을 꾸짖으셨습니다. 그리고 그렇게 연약한 제자들에게 온 천하에 다니며 만민에게 복음을 전하도록 명령하셨습니다. 왜 예수님은 이렇게 연약하고 부족한 제자들에게 천하 만민에게 복음을 전하도록 부탁하셨을까요? 그 이유는 십자가와 부활은 천하 만민에게 복음이 되기 때문입니다. 제자들의 상태에 상관없이 복음은 반드시 온 세계에 전파되어야 하기 때문입니다.

복음에는 온 천하 만민을 구원하는 능력이 있습니다(롬 1:16). 복음을 믿는 사람은 누구든지 구원을 얻을 것이지만, 믿지 않는 사람은 누구든지 정죄를 받고 심판을 받고 지옥에 떨어지기 때문에 복음은 천하 만민에게 전해져야 하는 것입니다. 예수님은 이 복음을 제자들에게 맡겨주시고 하늘에 오르사 하나님 우편에 앉아서 보내주신 성령님을 통해서 항상 함께 해주십니다. 우리는 부활의 복음으로 살아야 합니다. 부활의 복음으로 산다는 것은 십자가의 구원을 확신하며 사는 것을 말합니다. 예수님의 부활을 나의 부활로 여기며 사는 것을 말합니다. 사망의 권세를 이기고 영생을 확신하며 사는 것을 말합니다. 어떤 절망이나 슬픔도 이기며 소망 가운데 사는 것을 말합니다. 우리는 일상에서 부활의 복음으로 살아갈 뿐만아니라 복음을 힘써 전하며 살아야 합니다. 복음이 전해지지 않고 복음을 알지 못하면, 멸망하기 때문입니다. 복음을 전하는 일은 생명처럼 중요하고 시급한 일입니다.

MEMO

MEMO

ESP(기독대학인회 출판부)는 다음과 같은 마음을 품고
기도하면서 일하고 있습니다.

첫째. 청년 대학생은 이 시대의 희망입니다.
둘째. 하나님의 말씀인 성경을 사랑합니다.
셋째. 문서사역을 통하여 성경적 세계관을 정립해 나갑니다.
넷째. 문서선교를 통하여 총체적 선교에 도움을 주고자 합니다.